言語と行動の心理学

行動分析学をまなぶ

谷 晋二

［編著］

金剛出版

まえがき

　言語について関心をもち学びたいと思っている人は，学生に限らず大きな壁にぶつかるだろう。あまりにも多くの図書や文献があり，どこから手をつけてよいかわからなくなることもある。あなたが学びたいと思っていることは，言語獲得の問題なのか，言語機能に関連する脳の問題なのか，それとも論理的な思考の問題なのだろうか。それが明確になってくると，読むべき本や調べるべき文献が見えてくるだろう。

　それでもなお，言語の問題を考えることは，簡単ではない。なぜなら，本を読み文献を調べるということ自体に言語を使っているので，混乱することは避けられないからである。言語について調べようとするなら，言語を手に取ってじっくり観察することが最初に行う行動となる。自分のかけているメガネについて調べるために，眼鏡を外して手に取った瞬間，何も見えなくなってしまうのなら，大きく混乱するだろう。そこで言語という巨大なジャングルを探検するために，言語を使いこなすというユニークなやり方が可能かもしれない。本書が紹介しているのは，そのような方法を使った言語行動の分析である。

　本書は「行動分析学と関係フレーム理論（RFT）に基づいた言語の分析」に関する入門書である。入門書の役割は，より高度で洗練された研究図書へ読者を道案内することにある。さらに関係フレーム理論からの言語の分析に興味をもった読者には，次のような本がある。

　ニコラス・トールネケ［山本淳一＝監修］（2013）関係フレーム理論（RFT）を学ぶ――言語行動理論・ACT入門．星和書店．

　Kevin L.P., Schoendorff, B., Webster, M., & Olaz, F.O. (2016) The Essential

Guide to the ACT Matrix : A Step-by-Step Approach to Using the ACT Matrix Model in Clinical Practice. Context Press.

Villatte, M., Villatte, J.L., & Hayes, S.C.（2015）Mastering the Clinical Conversation : Language as Intervention. The Guilford Press.

McHugh, L., Stewart, I., Almada, P., & Hayes, S.C.（2019）A Contextual Behavioral Guide to the Self : Theory & Practice. Context Press.

　このうち3冊は，日本語に翻訳されていないが関係フレーム理論とACTの研究者にとっては心躍る内容に満ち溢れている本である。

　また本書は，次のような問いをもっている人には最適な入り口となるだろう。

- 行動分析学と関係フレーム理論はどのように関連しているのか？
- 言語行動（Verbal Behavior）をどのように定義するのか？
- ルールは人間の行動にどのように影響するのか？
- 言語行動における一貫性（coherence）とは何か？
- 関係フレーム理論とアクセプタンス＆コミットメント・セラピー（ACT）はどのように関連しているのか？
- ACT Matrix とはどんな方法なのか？
- 関係フレーム理論の基礎研究はACTをどのように支えているのか？
- 言語と（言語的）自己概念はどのように関連しているのか？

　本書は臨床的な問題から基礎的な問題までを関連づけて学習できるように構成している。第1章は臨床的な技法を取り上げている。第1章で紹介しているACT Matrix は日本で初めて取り上げられるACTの実践方法のひとつであるが，世界のACT コミュニティのなかではとてもポピュラーなものである。第2章ではACTの基礎理論である関係フレーム理論について紹介している。スキナーの言語行動の分析から関係フレーム理論への発展について整理し，関係づけ反応と一貫性の問題を紹介している。そして関係づけ反応が言語的な自己概念を生み出すプロセスについても紹介している。また，関係フ

4

レーム理論の哲学的背景である文脈的行動主義について平易に説明し，関係フレーム理論の基礎的な実験研究でたびたび用いられるIRAPやFASTについて解説を加えた。第3章は，RFTの基礎研究とACTの実践研究を橋渡しする章である。第4章と第5章では，ACTを用いた心理臨床，心理教育，キャリア教育に焦点を当てた。

　いずれの章も執筆者は，入門書としてわかりやすく書きながらも，正確さを失わないように注意を払いながら書いている。本書を足がかりに，言語と認知の行動的な科学である文脈的行動科学（CBS）の世界を訪れてほしい。

2020年2月16日

立命館大学

谷 晋二

目　次

第**3**章 アクセプタンス＆コミットメント・セラピーと 関係フレーム理論 ──────────── 113

アクセプタンス＆コミットメント・セラピー（ACT）

────────────────────── 大月 友 114

第 **1** 章

言語と行動の機能分析

言葉は我々の感情や行動，思考に大きく影響している。しかし，言葉はまるで空気のように我々の生活のなか，頭のなかにあるため，言葉のもつ影響力に気がつかないことがたびたびある。多くの研究分野で，言葉は主要な研究対象となってきた。言語学，哲学，生理学，心理学などの研究領域では，言葉とは何か，言葉がどのように発達するのか，言葉の生理学的な基盤は何か，などが問われてきた。各々の研究領域では，言葉とは何かが定義され，各々の研究手法で研究が行われてきた。

　　言葉とは何だろう。言葉と言葉でないものとはどのように区別されるのだろう。
　　言葉はどのようにできあがるのだろう。子どもはどのように言葉を獲得していくのだろう。子どもが新しい言葉を爆発的に覚えていくのには，どのようなメカニズムが関与しているのだろう。
　　言葉はどのような働きをもっているのだろう。言葉は我々の行動にどのような影響を与えるのだろう。

　それらの研究領域のなかで，行動分析学は，最も新しい研究分野のひとつであり，ユニークな研究方法を用いる研究領域である。行動分析学のユニークな点は，**機能的文脈主義**という考え方に基づいていることにある（第2章参照）。機能的文脈主義から人間の言葉を分析すると，他の研究領域の知見とは異なる情報を得ることができる。そしてその情報はさまざまな面で「役に立つ」のである。たとえば，言葉の獲得に困難を示す子どもたちの指導に役立ち，行動分析学に基づいた言葉の介入によって知能の向上が見られ（あるいは知能そのものが，言葉の基礎となっていると考えられる関係フレーム（第2章参照）によって作られているのかもしれない），抑うつや不安などの関連した精神的な問題の改善に貢献することができ，子育てややりがいのある仕事に従事すること，豊かな老後の生活の向上などに貢献できる。
　人間の言語と認知に関する行動分析学的な理論は，**関係フレーム理論**（Relational Frame Theory：RFT）（第2章参照）へと発展していった。親

と子，上司と部下，セラピストとクライアント，教師と生徒など，役割が変わっても，我々は共通した言語能力をもっている。言語に関連した悩みを体験するのは役割が変わっても同じである。誰もが，不安を体験し，過去を悔やみ，自信をなくしたり，また希望をもち，夢を描き，楽観的になったりする。だからこそRFTでは，不安や悩み，自尊感情の低下などを「言語をもつ人間として」当たり前の反応とみなしている。**アクセプタンス＆コミットメント・セラピー**（Acceptance & Commitment Therapy：ACT）は効果的な心理療法として使われるが，むしろ生き生きとした人生を実現するための方法である。

　本書では，機能的文脈主義に基づいた言葉の分析であるRFTと，それを応用したACTを紹介していくことで，言葉と我々人間の関係を検討していく。

　各章で機能的文脈主義，行動分析学，RFT，ACTについて紹介していくが，そこで紹介される言葉の分析は，「常識離れしている」と感じられるかもしれない。読者の多くが，「言葉とは～である」とすでに学習しており，言葉について説明したり，言葉のもつ影響力について述べたりすることができるからである。この本の各章で述べられることは，読者の多くが想像していることと矛盾したり，正反対であったりするだろう。そこで，第1章では，読者とともにACT Matrixを使って言葉との付き合い方を検討してみたい。

ACT Matrixを使った行動のセルフマネジメント
谷 晋二

このセクションの学習目標

❶ ACT Matrixを使って，言語行動のもつ行動への影響力について説明できるようになる。

❷「向かう行動」と「離れる行動」の違いについて説明できるようになる。

❸ ACT Matrixダイアグラムを使って，自分自身の価値に近づく行動の障壁となっている出来事の機能を説明することができる。

❹ 自分自身の価値を述べ，それを具体的な目に見える行動として記述することができる。

● ACT Matrix

最初に紹介するのはACT Matrixと呼ばれるツールである。ACT Matrixは，ACTを使うためのツールである。ACTの目標は「たとえ不快な感情や考えがあったとしても，大切にしたいと思うことに向かって行動できるようになること」である。これは**心理的柔軟性**（第3章参照）と呼ばれている。

次の質問について考えてみてほしい。

　　不快な感情，たとえば不安，怒り，悲しみ，恐怖などを体験したとき，どのように対処していますか？　また，どのように対処するのがよいと思いますか？
　　不快な考え，たとえば，「自分はダメだという考え」や「なぜ彼はあん

なことをするのかという怒りを伴う考え」などを体験したとき，どのように対処していますか？　また，どのように対処するのがよいと思いますか？

　「不安」「悲しみ」「抑うつ」や，「自分はダメだという考え」「なぜ彼はあんなことをするのかという怒りを伴う考え」を，多くの人は取り除こうとしたり軽減しようとしたり我慢したり，あるいはそれらをもたないようにすることが重要だと考えるだろう。おそらくそうすることを，これまでの社会的な生活のなかで我々は学習してきているからである。不安を減らす方法，不安にならないようにする方法，悲しみから立ち直る方法，ポジティブ思考になる方法……世の中ではそういう方法が売り物になっていることが多い。
　ACTの目標のなかにある「たとえ不快な感情や考えがあったとしても」という表現には，不快な感情や考えに対処しない，あるいはそのままにしておくことが含まれている。我々が学習してきていること（不安になることは良くないことで，速やかに取り除かれる必要があるなど）や世の中に溢れているストラテジー（リラクセーションをする，ストレスを発散するなど）と心理的柔軟性は異なる。しかし，不安をそのままにしておくなどということが可能なのだろうか。不安や怒りなどの不快な感情や否定的な考えを取り除かないとすると，その代わりにどのような方法があるのだろうか。それをこの章で学んでみよう。
　多くの研究が，心理的柔軟性を高めることは精神的な健康につながることを示している。また，子育てややりがいのある仕事に従事すること，豊かな老後を送ることに心理的柔軟性がつながっていることを示している。本書のいくつかの章で，それらの実証的な研究が紹介されるが，この章では最初に心理的柔軟性を高めるACTの実践を，ACT Matrixと呼ばれるツールを使って体験してみよう。

ACT Matrix の開発者の一人であるベンジャミン・ショーエンドルフは，数多くのワークショップを世界各地で提供している。彼のワークショップでは，最初に必ずサーフィン・メタファーが使われる。このメタファーでは，参加者がサーフィンを習うサーファーに例えられてワークショップの目的が伝えられる。ワークショップの目的は，不安や悩み事などの「荒波」を，熟練したサーファーのように「乗りこなす」ことができるスキルを身につけることであり，荒波を押しのけようとすることではない。そのスキルを身につけるには，本を読むことでもビデオを見ることでもなく，実際に海に出て熟練したトレーナーの指導を受けることが必要である。トレーナーは，もちろん優れた波乗りの技術をもっている必要がある。ACT のトレーナーは，不安や悩み事などと上手に付き合うスキルを身につけていなければならない。

ACT Matrix ではいくつかのワークシートが用いられる。最初に使われるワークシートは，縦と横の線で区切られた4つの領域をもつシートで，ダイアグラムと呼ばれている（図1-1）。垂直線で区切られた右側は大切にしたいことに「向かう行動（toward move）」，左側は大切にしたいことから「離れる行動（away move）」を示す。水平線から下には，考えや感情など直接観察することのできない行動を記入する。水平線から上には，ビデオカメラで撮影できるような直接観察できる行動を記入する。中心には円が描かれている。

研究者紹介──ベンジャミン・ショーエンドルフ
(Benjamin Schoendorff)

　ベンジャミン・ショーエンドルフは，カナ
ダでACTとコンパッション・フォーカスト・
セラピー（Compassion-Focused Therapy：
CFT）のセラピストとして自身のカウン
セリングルーム（Contextual Psychology
Institute）を立ち上げています。背がとて
も高く，スリムで，優しい笑顔の男性です。

ACT Matrixの開発者として，世界中でワークショップやスーパーバイ
ズを提供しています。ACBS（ACTとRFTの学会）が2018年にカナ
ダ・モントリオールで行われたときに，新しいカウンセリングルーム
をちょうどオープンしたばかりだったので，我々もパーティーにお邪
魔しました。パートナーのマリアさんもACTとCFTのセラピストで，
ベンジャミンと一緒にカウンセリングやワークショップを提供してい
ます。一人息子のトーマス君は，すれちがう人たちが振り返るほどブ
ルーの瞳の美しい少年です（トーマス君とはポケモンGOの「大親友」
になっています）。ベンジャミンの大きな価値のひとつは，彼と過ごす
ことだそうです。

　ベンジャミンは，CFTとACTをうまく融合させている，素晴らしい
技術をもったセラピストです。2018年に初めて日本でワークショップ
を開いてもらいましたが，とても役立つワークショップでした。サー
フィン・メタファーで紹介されるように，サーフィンは上手な人に習
うのが一番です。　　　　　　　　　　　　　　　　　　（谷 晋二）

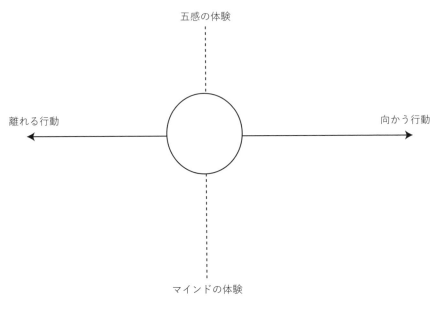

図1-1　ACT Matrixダイアグラム

　ではこのダイアグラムを使って，実際にACT Matrixを体験してみよう。まずは，次の質問に答えてみてほしい。

Q1　あなたにとって大切な人は誰ですか？　あなたにとって大切な人，大切にしたいと考えている人を，右下の領域に書いてみましょう。思い浮かぶ人を，できるだけたくさん書いてみましょう。次に，「あなたにとって大切にしたいこと」を同じ領域に書いてみましょう。これもできるだけたくさん書いてみましょう。ランクづけをしないで，少しでも大切だと思うことを記入してみましょう。なお，あなたが大切にしたいと思うことと，「大切にするべきだ」と考えていることを区別しておきましょう。

Q2 大切な人や事柄に近づいていこうとするときに出会う困難があります か？　それを左下の領域に書きましょう。物理的な困難（お金が ない，距離が離れている）ではなく，感情や考えを書きます。たと えば，「お金がなくなったらどうしよう」あるいは「時間がないから できない」という考えを記入します。

Q3 それらの困難に出会ったとき，あなたはどのように対処しています か？　その具体的な対処法を左上の領域に書きましょう。ここには， ビデオカメラで録画できるような直接観察できる行動を書きます。

Q4 次に，大切な人や事柄に向かっていく行動を，具体的にビデオカメ ラで録画できるような行動として，右上の領域に書いてみましょう。

Q5 大切な人や事柄，それに向かっていくときに出会う困難，そしてその対処法，大切な人や出来事に向かっていく行動，それらのことに気づいているのは誰ですか？　気づいている人を中心の円のなかに書きましょう。

　　ダイアグラムの作成にあたっては，考えと行動を分けることが重要になる。簡単に言うと，ビデオで録画することのできる行動と録画できない行動を区別することである。ACT Matrixの実施を補助するためにACT Matrixカードが作成されている。このカードを使いながら，インストラクターやセラピストは，参加者やクライアントが，考えと行動を分けられるように手助けしていく（コラム4参照）。

　　自分自身の書いたダイアグラムを見てみよう。右の方向へ向かうことを「向かう行動（toward move）」と呼び，離れていくことを「離れる行動（away move）」と呼ぶ。あなたは，自分にとって大切なことに向かっていく人生（toward move）と離れていく人生（away move）のどちらを選択したいと思うだろうか。もし，「大切なことに向かっていく人生」を選択するのであれば，インストラクターやセラピストは，そのために役立つ行動を参加者やクライアントと一緒に検討することを提案する。この提案に合意が得られたら，「大切なことに向かっていく人生」のために，これまでの方法が役に立っていたかを検討してみる。

Q6 これまで，困難に出会ったとき，あなたが試みてきた対処方法は，「大切なことに向かっていく」という点から見たら，どの程度うまくいっていましたか？　短期的な点と長期的な点から検討してみましょう。

　このとき，ダイアグラムの垂直線の左側に2つの破線を引き，上に"短期的（あるいはST）"と書き入れる。STはShort Termの略である。2番目の破線の上には"長期的（あるいはLT）"と書き入れる。LTはLong Termの略である。次に垂直線の右側にも破線を引き，上に"大切（あるいはImp）"と書く。Impはimportantの略である。

　ダイアグラムの左上の領域に書かれた対処行動について，短期的，長期的，向かう行動に対してどの程度役に立っているか，どの程度重要かを検討して，その程度を＋や−の記号を使って記入していく。図1-2は，これらの作業を行ったあとの仮想のダイアグラムである。

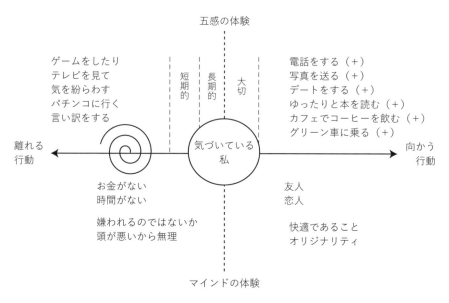

図1-2　ACT Matrixダイアグラムの具体例（仮想）

Q7 右下の領域に書かれている「大切な人」や「大切なこと」を，ビデオで録画できるような行動として記述してみましょう。手紙を書く，電話をする，プレゼントを贈る，趣味の活動をする，ジョギングをする，野菜を食べるなど，多くの行動を書くことができるでしょう。右下の領域に書かれている言葉は，それらの行動の集まりとなります。

　「あなたの大切な人は？　大切な事柄は？」というのは難しい問いかもしれない。というのも，我々はこれまでの人生のなかで「大切にするべきこと」をたくさん学習してきているからである。家族，友人，信頼，愛など多くの大切にすべきことを学習してきている。多くの場合，この学習は，学校，家庭，職場生活のなかでルールとして教えられてきている。ルールに従う行動は**ルール支配行動**（第2章参照）と呼ばれ，時にはうまくいかない行動を継続させることがある。この問いに答えるなかで，セラピストやインストラクターは「大切にしたいこと」と「大切にするべきこと」を区別することを援助する。ACTにおける価値は，いくつかの特性をもった概念である（武藤，2009）。価値は，達成することのできるようなゴールや何かを得る手段ではなく，方向性に例えられる。価値に基づく行動は，継続的に，毎日実行できるものなので，特定の行動だけを指すのではなく，いくつかの特性をもった包括的な性質をもつ（Harris, 2009）。

　価値のメタファーやエクササイズは，価値の特性の理解を促すために使われる。たとえば，ガーデニングのメタファー（Hayes et al., 2011, p.519），スキーのメタファー（Hayes et al., 2011, p.521）などである。価値のメタファーやエクササイズを通じて，セラピストはクライアントが自分にとって大切なことの方向性や包括的な特性を表現できるようにする。たとえば，ある女性はエクササイズのなかで，最後の1日に「飛行機からスカイダイビングをしたい」と述べた。セラピストは「もしスカイダイビングをしているとしたら，どんなことを感じ，どんなことを考えますか？」「それはあなたにとって大切なことでしょうか？」と尋ねることで，彼女が自分の価値を「怖いと感じていてもそれに挑戦していくこと」と明確化する手助けをしていたことになる。

　スキーのメタファーでは「あなたはこれから雪山の頂上からスキーをして山を滑っていこうとしています。そこにヘリコプターがやってきて，ふもとに下りるのなら乗っていかないかと提案します。あなたはヘリコプターに乗るでしょうか？　乗らないとしたら，それはどうしてでしょうか？」という

問題を考えることで，ゴール（ふもとに下りること）と価値（滑るという行動をすること）の違いに気づく手助けをする。

ハピネストラップ

ACTのセラピストとして著名なラス・ハリスは，*The Happiness Trap*という本を書いています。また，YouTubeにThe Happiness Trapのたくさんの動画をアップしています。この本の日本語訳タイトルは『幸せになりたいなら幸せになろうとしてはいけない』です。とてもうまいタイトルです。多くの人が，このタイトルを見ると「？？？」となるでしょう。しかし，読んでみるとなるほどと納得することができるでしょう。少しだけこの本の内容を紹介しましょう。

「あなたは幸せになりたいですか？」と問われると，多くの人が「そうだ」と答えるでしょう。では，次の質問はどうでしょう？「とても強く幸せになりたいと思っていますか？」もし，とても強く幸せになりたいと思っているのなら，あなたは今，十分に幸せではないということですか？　あなたはいつ幸せになれるのでしょう？　1年後でしょうか，3年後でしょうか？　しかし，それまでの間ずっとあなたは幸せでない状態を続けることになります。幸せになるために，幸せでないまま，ずっと努力を続けることになります。

今，すぐに幸せになる方法はないものでしょうか……　　（谷 晋二）

価値のワーク

ACTにはたくさんの価値のワークがあります。Stoddard et al. (2014)のメタファー集には，23の価値のエクササイズとメタファーが紹介されています。価値が明確になると，行動の変化が起きやすくなります。ACT Matrixでは「あなたの大切な人は？」「あなたの大切なことは？」という質問で価値が尋ねられますが，クライアントとのやりとりでは

「向かう行動（toward move）」と「離れる行動（away move）」の区別を促していくことが大切になります。たとえば，「友人が大切」とクライアントが答えたときでも，それが「離れる行動（away move）」の場合もあります。たとえば，「友達を大切にしないと，学校で除け者にされる」のなら，それは「離れる行動（away move）」でしょう。「家族が大切」という場合でも，「それは当たり前のことです。家族以外に何が大切だというのですか？」というような場合でも，それまでクライアントが学習してきたルールを守る行動のひとつとなっているかもしれません。それまで学習してきたルールを守ること以上に，「あなたにとって大切なこと」は何かを考えることが必要になります。

　もしある人が「正しいことをしなければいけない（あるいは良い子でなければいけない）」と考えていて，その考えに強くとらわれていたとしたら，「大切な人や大切なことは何ですか？」というセラピストの問いに，何と答えるでしょう。その人は正しい答えを探そうとするかもしれません。セラピスト－クライアント関係のなかで「良い子」であろうとするかもしれません。多くの場合，そのようなクライアントはセラピストが期待することを応えるものです。　　　　（谷 晋二）

 ## コラム4　釣り針エクササイズ

　ACT Matrixでは釣り針エクササイズがよく使われます。フックのついたルアーを想像してみてください。ルアーは，あなたが思わず食いついてしまうような感情や考え，出来事です。たとえば，怒りや，「恥をかいたら大変だ」という考え，空腹感などです。それらがあなたの目の前を泳いできたら，思わず食いついてしまうかもしれません。その結果，大声で怒鳴る，暴力を振るう，恥をかきそうな場面を避ける，おやつを食べるなどの行動を取ってしまうかもしれません。それが食いついてしまう行動です。ルアーに食いついた魚は，懸命に逃れようとして引っ張られる方向と反対に泳ごうとします。その結果，ルアー

のフックはもっともっと深く突き刺さり，逃げ回ることにエネルギーを使い，疲れ切ってしまいます。ルアーに食いつくことは，「大切なことに向かっていく」行動でしょうか。そうではないでしょう。逃れようともがけばもがくほど，事態はうまくいかない状況になっていないでしょうか。

　最善の方法はルアーに食いつかないことです。ルアーをよく見て，観察し，そのままに泳がせておくことです。しかし，釣り人はルアーをまるで本当の魚のように泳がせ，食いつかせようとします。注意深く，興味をもって，あなたの感情や考えを観察してみましょう。ルアーだとわかっていても，思わず食いついてしまうことがあるでしょう。もし，ルアーに食いついてしまったら，どうしたらよいでしょう。一番良いのは，抵抗をやめて引っ張られるままに釣り上げられてしまうことです。釣り人はすぐにあなたをリリースしてくれるのですから。

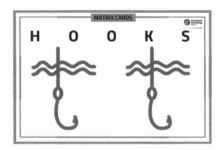

　このカードはACT Matrix Cardの1枚です。ベンジャミンの主催するContextual Psychology Instituteで販売されています。ACT Matrixを実践するときにはこのカードを使ってたいていのエクササイズをすることができる便利なものです（日本語版が発売されています）。

（谷 晋二）

●困難な出来事で身動きが取れなくなっているとき

　あなたは「大切なことに向かう行動」をしようとしたとき，何らかの障壁（obstacles）に出会うことがあるだろう。それはどのような障壁だろう。ACT Matrixでは，不安や怒りなどの感情，感覚や思考などの内的な出来事を扱う。それらは行動分析学で**私的出来事（私的事象）**と呼ばれている。私的出来事を観察し，それを記述する練習によって，スキルは向上していく。

　時には私的出来事に反射的に反応してしまっていることもある。不快な感情を抱いたときは，すでに何かの反応が反射的に出現してしまうような状況である。たとえば，過去の嫌な出来事を思い出し，気づかないうちに髪の毛を抜いているとか，タバコを口にしているといったことがある。私的出来事をただ観察し，記述する練習をすることで，私的出来事と反射的な反応との間にスペースを空け，思い出してから反応するまでの反応潜時を長くすることができる。

　私的出来事の観察と記述では，判断や評価などをしないで，ありのままにその体験を観察・記述する。

　次の質問に答えてみよう。

　　障壁に出会ったとき，どのような感覚や感情が現れてきますか？
　　それを体のどこで感じていますか？　そこに触れていきましょう。ゆっくりとその感覚や感情を観察してみましょう。
　　それをもし何かに例えるとしたら，どのようなものですか？
　　もし，それに形や色，重さがあるとしたら，どのような形や色，重さですか？
　　それは，先ほどから同じようにそこにありますか？　それとも何か変化がありますか？

　セラピストやインストラクターはこのような問いを重ねながら，クライア

ントや参加者の観察と記述のスキルを向上させていく。私的出来事の観察と記述は，クライアントとともに「科学者のように」，好奇心をもって進めていく。そうすることで，クライアントの行動に影響を及ぼしているさまざまなものに，クライアントが敏感になる手助けをすることができる。

●行動の機能分析──随伴性をトラックする

あなたは障壁に出会ったとき，どのような対処行動を取っているだろうか。たとえば，タバコを吸うとか，テレビを見るとか，ネットサーフィンをするなど，ビデオで録画できるような行動を思い出してみよう。ACT Matrix ダイヤグラムの左上の領域に書かれているはずだ。

その行動はどれくらい障壁に対処することに役立っているだろうか。それを検討してみよう。多くの場合，短期的にはある程度の有用性をもっている（そうでなければ，その対処行動は維持されない）。長期的にはどうだろうか。不安や怒り，取り除いてしまいたいような考えはずっと出てこないようになっているのだろうか。多くの場合，この答えはNoである。不安や怒りは，消え去ったわけではなく，繰り返し復活してくる。そして，再び対処行動が反復され，このパターンが何度も繰り返されていく。図で表すと，ACT Matrixの左側でグルグル回りが続いている（図1-2）。時には何年もの間そうかもしれない。そして，その間，右側の「向かう行動（toward move）」はどんどん少なくなっているかもしれない。もし，グルグル回りを続けているのなら，ダイアグラムの左側にグルグルを書き込んでみるとよい。

どのような刺激や状況に対して，どのような反応をしているのか，そしてどのような結果がもたらされているのか，行動分析学ではそれを**随伴性**と呼んでいる。ここで試みていることは，随伴性をトラックすること（あなたの行動の先行事象となっているものと，あなたの行動の結果事象を明確にすること）なのである。

●創造的絶望

　障壁に対処することが長期的には有効でないのなら，大切なことに向かう行動を検討してみよう。障壁に出会っても，それをそのままにして，大切なことに向かう行動ができないだろうか。障壁となっている感情や考えを「ただ観察・記述する」だけにして，大切なことに向かう行動に取り組んでみよう。そういった行動は，これまで一生懸命，障壁に対処しようとしてきた人にとって，新しい試み，これまで取り組んだことのないような行動となるだろう。そういう意味で，この新しい行動は創造的なのである。

　毎日の生活のなかで，我々はたくさんの障壁に出会う。その障壁をただ観察し，記述し，一呼吸置いて，「大切なことに向かう行動」を選択してみよう。この一連の行動は，障壁に気づく段階と行動を選択する段階から成り立っていて，時には，「気づいている」けれど選択できなかったということもあるだろう。たとえば，胸の奥でムズムズした感覚があることに気づき，それを「タバコが吸いたい感覚」と考えているかもしれない。そういう感覚や考えに気づき，タバコを吸うか，吸わないかを選択する。気づいたうえでタバコを選択しているのなら，グルグル回りを続けていたときよりも一歩「大切なことに向かっている」のである。人間は，新たな随伴性を自ら作り出すことができる。反応するべき刺激を選択し，行動を選択することができる。ACT Matrixでは行動の選択を「向かう行動」と「離れる行動」という2つに分けている。行動の選択は，意図的なものである。「思わず」反応してしまったというのは，意図的な反応ではない。

　障壁となっている感覚や感情，思考に気づき，それらに反射的に反応することを中断して，意図的に向かう行動／離れる行動を選択していくことは，繰り返し練習する必要がある。反復的な練習を通して（つまり何度も失敗を繰り返しながら），徐々に強固な習慣的行動となっていく。

コラム5　創造的絶望

　創造的絶望（Creative hopelessness）という言葉は，ACTオリジナルの用語ですが，多くの人が奇妙に感じる言葉でもあります。10年ほど前の学会では，この単語が出てくるたびに質問の手が挙がっていたものでした。ACTでは，これまで試みてきた方法が長年うまくいかないのに，それを延々と繰り返している状態を「絶望」と呼んでいます。時には，5年，10年という長期間，不安や抑うつの感情，自己否定の考えを軽減しようと大変な努力を続けてきている人がいます。ひょっとするとあと1年，これまでと同じように対処行動を続けてみれば，否定的な感情や考えは決して出てこなくなるのかもしれません。しかし，これまでの経験からすれば，その見込みは大変薄く，絶望的でしょう。

　あなたはこれまでさまざまなことを試してきたはずです。思いつくことはすべて試してきたかもしれません。もし，それらの試みがうまくいかないのであれば，「これまで試したことのない行動」を試してみるといいかもしれません。

　試してみたことがないのは，どのようなことですか？
　探しても探しても見つからないものは，「探したことのないところ」にあるかもしれません。

　そういう創造性を働かせましょう。否定的な感情や考えを取り除く試みを続けてきたとしたら，逆にそれを放置してみるということを試したことはありますか？　　　　　　　　　　　　　　　　　　　　（谷 晋二）

文献

Harris, R. (2009) ACT Made Simple : An Easy-to-read Primer on Acceptance and Commitment Therapy. New Harbinger Publications.（武藤 崇＝監訳（2012）よくわかるACT（アクセプタンス＆コミットメント・セラピー）——明日からつかえるACT入門．星和書店）

ラス・ハリス［岩下慶一＝訳］（2015）幸せになりたいなら幸せになろうとしてはいけない——マインドフルネスから生まれた心理療法（ACT入門）．筑摩書房．

Hayes, S.C., Strosahl, K.D., & Wilson, K.G. (2011) Acceptance and Commitment Therapy : The Process and Practice of Mindful Change. Guilford Press.（武藤 崇・三田村仰・大月 友＝監訳（2014）アクセプタンス＆コミットメント・セラピー（ACT）第2版．星和書店）

武藤 崇（2009）価値とACT．こころの臨床 à la carte 28 ; 105-110.

Polk, K., & Schoendorff, B. (2014) The ACT Matrix : A New Approach to Building Psychological Flexibility across Settings and Populations. Context Press.

Stoddard, J.A., Afari, N., & Hayes, S.C. (2014) The Big Book of ACT Metaphors : A Practitioner's Guide to Experiential Exercise and Metaphors in Acceptance and Commitment Therapy. New Harbinger Publications.

第 2 章

関係フレーム理論

この章では関係フレーム理論の概略について学習する。また，スキナーの言語行動の分析，ルール支配行動，関係フレーム理論（RFT）について学ぶ。関係フレーム理論を理解するうえで重要な「一貫性」について説明し，さまざまな心理療法で用いられているアナロジーやメタファーを関係フレーム理論の立場から紹介する。自己肯定感や自己効力感は，発達心理学や社会心理学でも頻繁に取り上げられ，人の行動に大きな影響を与える要因であるとして重視されてきているが，関係フレーム理論やアクセプタンス＆コミットメント・セラピー（ACT）の研究者は，ポジティブな自己概念の重要性を強調することには否定的である。ここでは，関係フレーム理論の立場からの自己概念の分析を取り上げ，柔軟な自己概念の発達を促す方法について検討する。

　さらにこの章では，関係フレーム理論の基礎である機能的文脈主義について説明する。関係フレーム理論を理解するためには，機能的文脈主義の視点が重要だからである。そして，関係フレーム理論に基づいた言語的関係づけの実験的手段である，IRAP と FAST についても紹介をする。

スキナーの言語行動の定義

谷 晋二

このセクションの学習目標

❶スキナーの言語行動の定義について説明できるようになる。

❷話し手の言語行動の種類について説明できるようになる。

❸ルール支配行動について説明できるようになる。

❹ルール支配行動の利点と配慮するべき点について説明できるようになる。

● 言語共同体

　行動分析学の立場からの言語行動の定義を理解するために，簡単なクイズにトライしてみよう。最近の自動販売機や切符券売機，冷蔵庫や洗濯機には会話をする機能が付いている。携帯電話に話しかければ，返事がある。自動販売機や携帯電話の話す言葉は，言語行動なのだろうか。たしかに，自動販売機も携帯電話も理解可能な日本語や英語を話している。形態上は我々が話す言葉と同一である。これを言語行動と考えてよいのだろうか。

　この問題を考えるために，まず行動分析学がどのような目的をもった学問であるかを知る必要がある。言語学の立場から言語とみなされているものと，行動分析学の立場からの言語は異なっている。行動分析学の学問的な立脚点は**機能的文脈主義**（Contextual Functionalism）である（本章「文脈的行動科学」セクション参照）。物事の定義や良し悪しは，つねに状況（文脈）によって変化し，その働き（機能）によって決められるというのが機能的文脈主義の立場である。行動分析学の目的は，人間の行動の予測と，人間の行動に影響を及ぼす環境要因の同定である。言語行動をどのように定義すれば，

この目的に近づいていくことができるのだろうか。

　目的が違えば，目的に近づいていく手段の定義も変わってくる。たとえば，スプーンは「物をすくう道具」と定義することができる。三省堂の『新明解国語辞典』には「液体・粉をすくい取る道具」と書かれている。物をすくうという目的のために使われる道具という定義である。ところが，缶切りがないときにはスプーンを使って缶を開けることができるし，スプーンを鍋に入れて水の対流を変えて吹きこぼれを防ぐこともできる。ボールペンは文字を書いたり絵を描いたりする道具だが，気管切開をした患者の気道確保のために使うこともできる。興味のある人は，YouTubeで「スプーンの使い方」という言葉を検索してみるといいだろう。

　物事の定義は，「どのような目的で」それが用いられるのかによって，新たに追加されていく。スプーンは「液体・粉をすくい取る道具」でありつつ，「缶切り」として使うことができるといったように。

　人間の行動の予測と統制を目的とする行動分析学では，言語行動を「言語コミュニティのメンバーによって強化される行動」と定義している（Skinner, 1957）。このシンプルな定義には3つの重要な要素が含まれている。

　　①言語コミュニティの
　　②他者（メンバー）によって
　　③強化される

　言語行動は，話し手と聞き手という言語コミュニティのなかで成立する行動である。我々は日本語という言語コミュニティに属している。この言語コミュニティでは，話し手と聞き手が一貫性をもって言語を使い，相互に影響を及ぼしている。言語コミュニティのなかで生起する行動が言語行動である。もっと小さな言語コミュニティもある。大学生なら「マジ卍」という言葉を使いこなせるが，60代の人の大半にとってこの言葉は役に立たないだろう。若者はいつの時代も特有の言語コミュニティを形成しているし，警察官には特有の言語コミュニティがあり，芸能界には芸能界の言語コミュニティがあ

る。新たな言語コミュニティは続々とできあがっている。それらの言語コミュニティでは，話し手と聞き手が相互に影響しあう関係ができあがっている。言い換えると，話し手の言語行動が聞き手によって強化され，機能するという関係が成り立っている。

　言語行動は聞き手によって強化される行動であり，聞き手のいないところでは言語行動は生起しない。独り言や思考は，聞き手なしでも生起しているように見えるが，この場合は，話し手と聞き手が同一であるにすぎない。

　言語行動の定義のもうひとつの重要な要素は，強化が聞き手によって媒介されるという点である。ボタンを押すとジュースが出てくる場合，ボタンを押す行動を強化しているのは，ジュースが出てくることである。この行動では，聞き手が強化を提供しているのではない。ボタンを押すと店員がテーブルにやってきて，「御用は何でしょう」と尋ねてくれる（これは日本の優れたサービスのひとつだと思う。私の外国の友人は，テーブルに置かれたボタンの写真を何枚も取ってSNSにアップしていた）。この行動は，話し手が「すみません」と店員を呼ぶ行動と，機能的には全く同一の機能をもっている。聞き手は店員で，店員がテーブルにやってくるという強化は聞き手によって提供されている。そのため，この場合のボタン押し行動は言語行動のひとつである。

　スキナーの言語行動の定義では，声に出す（verbal）ことは必須の条件に含まれていない。頭のなかで考えることも，動作やサインも文字も，スキナーの言語行動の定義を使えば，言語行動のひとつの形態として扱うことができる。

 「この部屋暑いね」

　「この部屋暑いね」と言われたとき，あなたはどのような行動を取るでしょうか。「そうですね。暑いですね」と答えるときもあるでしょうし，「そうですか？　私は別に暑くないですよ」と答えることもあるでしょう。あるいは，エアコンのスイッチを入れるとか，窓を開けるなどの行動を取るかもしれません。

話し手の言葉は同じでも，聞き手の取る行動はさまざまです。言葉の意味はどこにあるのでしょうか。言葉の機能から考えると，「そうですね」と聞き手が返答するときの「この部屋暑いですね」は，タクトとしての機能をもっています。一方で，聞き手がエアコンをつける行動を取るときには，マンドとして機能しています。

　私たちがコミュニケーションを取るときには，もちろん聞き手がそこに存在しなくてはなりません。そして，話し手と聞き手との間で交わされる言語に，一貫性がなければ，聞き手は話し手を強化することはできません。強化されなければ，話し手はその言語を使用しなくなるでしょう。言語コミュニティというのは，言語行動の一貫性が保たれているグループということになるでしょう。

　行動分析学が取り上げているのは，話し手と聞き手とで相互に強化される行動としての言語行動なのです。　　　　　　　　　　（谷 晋二）

● 言語行動の種類

　スキナーは，話し手と聞き手の相互関係という観点から言語行動を7つに分類している（表2-1）。この分類では，弁別刺激，反応形態，そして強化のタイプが示されている。

　マンドは，摂取制限，嫌悪刺激が存在する状態などの確立操作のもとで，自発される。つまり，マンドは，音声反応だけでなく絵カードを示すことやサインや動作などの反応形態を伴うことがあり，確立操作に関連した強化を聞き手が提供することで強化される。マンドは，マンドによって指定された強化刺激で強化される。たとえば，喉が乾いている（動因操作）ときに，「おちゃ」とマンドすることは，喉の渇きを低減するような聞き手の対応（たとえば，お茶をもってくる）によって強化される（図2-1）。このとき，聞き手がチョコレートを渡しても，マンドは強化されない。そのため，マンドでは反応形態が指示するものと強化刺激とが一致している（マンドでは強化刺激を指定する）。

表2-1 言語行動の種類

	弁別刺激	反応形態	強化のタイプ
マンド	確立操作	音声，文字，動作など	確立操作に対応して特定される
タクト	事物，出来事，私的な体験	音声，文字，動作など	般性強化
エコーイック	音声	音声	般性強化
イントラバーバル	文字，音声	音声，文字，動作など	般性強化
ディクテーション	音声	文字	般性強化
トランスクリプション	文字	文字	般性強化
テクスチュアル	文字	音声	般性強化

タクトは，さまざまなモダリティの弁別刺激を手がかりとして自発される。視覚的な刺激や，触覚，嗅覚，味覚などのモダリティの刺激が弁別刺激となる。タクトの反応形態もマンドと同様に多様である。聞き手は，話し手の言語行動と弁別刺激が一致している場合に，「そうだね」などの言語反応や，う

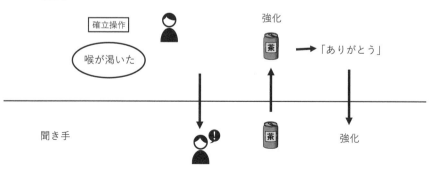

図2-1 マンドの随伴性

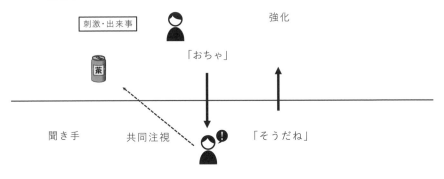

図2-2　タクトの随伴性

なずき，微笑みなどの般性強化刺激を提供する。たとえば，5月の木々の香りを弁別刺激として，「新緑の香り」と言った場合，話し手のタクトしている刺激と反応とが一致しているときに，聞き手は「そうですね」などの強化刺激を提供する（図2-2）。そのため，タクトにおいては「弁別刺激と反応形態の一致」に基づいて聞き手は強化を提供する。

　話し手がタクトする刺激は，聞き手に見えたり，聞こえたり，触れたりすることのできる刺激（公的出来事）ばかりではない。話し手は，話し手自身にしか見たり聞いたりすることができない出来事（私的出来事）についてもタクトする。話し手が私的出来事をタクトする場合，聞き手は，話し手の弁別刺激と反応形態との関係を推測して，強化を提供する。私的出来事のタクトは，ACT（第3・4章参照）でも，クライアントが習得する重要な行動のひとつとなる。

　エコーイックは，いわゆる音声模倣である。弁別刺激は音声刺激で，その音声刺激に似た音声反応を話し手が自発した場合，聞き手が般性強化刺激を提供する。エコーイックは，マンドやタクトを学習していく前に必要な言語反応だと考えられている（谷，2012）。

　さまざまな事物の共通の属性がタクトされると，抽象的な概念と呼ばれる

刺激クラスが形成される。たとえば，赤い自動車を見て「アカイクルマ」と言い，りんごを「アカイリンゴ」，赤い靴を「アカイクツ」とタクトすることが反復されると，それらの事物の共通要素に対して「アカ」と命名できるようになる。

　同じように，自分自身の行動をタクトすることは，言語的な自己概念の形成へとつながっていく。つまり，「わたしは〜である」「私は〜している」「私の〜」などのタクトは，自己概念の形成に寄与している（本章「言語的自己概念」セクション参照）。

　イントラバーバルは，エコーイックと同じように，弁別刺激が音声刺激である。言語反応は弁別刺激となっている言語刺激と形態が異なっている。聞き手は般性強化刺激を提示することで強化する。たとえば，「緑色の野菜は？」という音声刺激に対して「キュウリ」と答えること，「四九」と尋ねられて「三十六」と答えることもイントラバーバルである。「日本の首都の名前は（　　　　　）です」のような空欄補充問題もイントラバーバルである。イントラバーバルは，質問に答えることや空欄の補充問題など学業スキルに深く関わっているが，日本にはイントラバーバルの研究は少ない（谷，2012）。

　ディクテーションは，聞き取り書きである。音声刺激を文字にする言語行動である。

　テクスチュアルは，弁別刺激が文字刺激で，それを読む行動である。

　そのほかにSkinner（1957）は，二次的な言語行動として**オートクリティック**を定義している。これは聞き手に対する効果を高めるためにタクトやマンドに付け加えられる言語行動で，たとえば，水をマンドするときに「とても喉が渇いた」と言うときの「とても」に当たる部分である。

　行動分析学では，言語行動を他の行動と同じように**随伴性**（先行刺激−行動−結果）で記述する。言語行動には，話し手と聞き手の相互の随伴性が関与している。話し手の行動は聞き手の弁別刺激となり，聞き手の行動は話し手を強化する（図2-1）。

　スキナーの分析の特徴は，言語行動を話し手と聞き手との相互関係のなかで分析している点にある。この分析で焦点となっているのは行動の機能である。マンドを除く他の言語行動は，聞き手が般性強化刺激を提供する。般性強化刺激の効力が弱いと言語行動の形成が困難になることは容易に想像できる。褒め言葉，言語的な肯定，微笑みなどの社会的な刺激に対する反応が乏しいと（自閉スペクトラム症の子どもに観察されることが多い），タクトやイントラバーバルの形成が難しくなる。

　言語行動を形態（どのような表現か）ではなく，その機能で分析することによって，話し手や聞き手の行動を変化させる要因を環境のなかに見つけることができるし，うまくいかない行動のループから抜け出す手助けをすることができる。

　たとえば，子どもがおもちゃを見て，次に母親を見る。母親は子どもの見ているものを見て，おもちゃを子どもに手渡す。このような子ども－親関係は一般に観察される行動であるが，この行動の随伴性はマンドと同一である。また，母親が見ているものに子どもが視線を向け，「ブー」と発声をする。母親はそれに対して「ブーブーだね」と応答をする場合，タクトと同一の随伴性が見られる。そのため，このような共同注視は，音声による言語行動が始まる前の前言語的な行動とみなすことができる。そして，この子ども－親関係を言語指導の手続きとして応用することができる。

　スキナーは言語獲得の問題についてほとんど触れていないが，言語獲得の過程についてホーンとロウ（Horne, & Lowe, 1996）が分析をしている。彼らの分析でも，共同注視とエコーイックの形成が命名関係の獲得に中心的な役割を果たしている（詳しくは，小野（2005）を参照）。

　スキナーによる言語行動の分析の大きな貢献のひとつは，障害のある子どもへの言語指導に行動分析学が取り入れられ，大きな成果を上げてきたことにある。1960年代から開始された自閉症児への言語指導は，自閉症児の親たちに大きな希望を与えた。一方で，スキナーの言語行動の分析を臨床技法と

して応用することの課題も明らかになってきた。そこで，技法の改良が加えられながら，より実用的な技法の開発が進んできている（谷，2012）。

　もうひとつの貢献は，言語行動を非言語行動と同じように機能的な立場から分析することで，新たな認知行動療法を生み出したことである（第4章参照）。その過程で，スキナーの言語行動の分析を超えた新しい理論——**関係フレーム理論**（Relational Frame Theory : RFT）——が付け加えられてきたが，スキナーの言語行動の分析を土台として発展したもので，スキナーの分析が捨てられたわけではない。

　たとえば，「私はダメな人間だ」と考えているクライアントをイメージしてみよう。この言語行動は自分自身を弁別刺激としたタクトであると考えられる。クライアントはどのような状況でこのタクトを自発するのだろうか。「私はダメな人間だ」とタクトすると，クライアントの行動はどのように変化するのだろうか。そしてクライアントの行動の変化は，クライアントにとって望ましいものなのだろうか。このような分析をすることで，クライアントが自分の行動を変えていく動機づけを高めていくことができる。

●ルールとルール支配行動

　スキナーは，話し手の行動として7種類に言語行動を分類したが，同時に聞き手の行動についても分析している。**ルール支配行動**は，話し手の提供する**言語的ルール**に対応した聞き手の行動である。ルールは随伴性を記述した言語行動で，3つに分けられる。**プライ，トラック，オーギュメント**である。それらに対する聞き手の行動（ルール支配行動）は，**プライアンス，トラッキング，オーギュメンティング**と呼ばれる。

　話し手の提示するルールは，必ずしも実際の場面の随伴性を記述しているわけではない。たとえば，「悪いことをすると鬼が出てくる」「他人にやさしくしないと嫌われる」などは，実際の場面では起きないことや，必ずしも起きるわけではないことを記述している。こういった実際の随伴性とは異なるルールに従って，聞き手が話し手に強化される（つまり，そのルールに従う

ことで，ルールを提示している聞き手に褒められる）場合，聞き手の行動はプライアンスと呼ばれる。

一方，話し手の提示するルールが実際の随伴性を記述している場合，そのルールはトラックと呼ばれ，聞き手がルールに従うことで実際の随伴性から強化を受ける。

オーギュメンティングは，そのルールが弁別刺激や強化刺激の特性を強める（低める）ように機能する言語行動である。「あの人は実はお金持ちだよ」「彼女は心理師だよ」などの言語は，聞き手の行動を変化させたり，行動を増加させたりする。「あのレストランは星が4つだ」という言語行動は，その店に行く行動を増加させる弁別刺激となるだろう。

プライアンスが増大すると，聞き手の行動は実際の随伴性とは異なるように変化していくので，「うまくいかない行動を続ける」ように作用することがある。そのため臨床的な実践では，クライアントがトラッキングを強める／プライアンスを弱めるように，セラピストは援助する。つまり，「やってみて，うまくいくかどうか観察してみよう」と，セラピストはクライアントを方向付けていく（第4章参照）。

ルールに従って行動することは，直接体験するよりも簡単である。一度も体験したことがなくても，ルールに従うことで，強化に結びつくように行動することができる。たとえば，マニュアルに従うことで，新しい機械をうまく操作することができる。初めて訪れる場所でも，Google Map の指示に従って，目的地にたどりつくことができる。

一方で，ルールに従う行動は行動の柔軟性を損なうことがある。簡単に言うと，ルールに従う以外の行動が生じにくくなり，随伴性への感受性を低下させる（ルールに関する実験的研究については，小野（2005）および日本行動分析学会（2001）を参照）。

参考図書 ─────

●行動の基礎（小野浩一，培風館，2005）

　行動分析の基礎を数々の実験を紹介しながら解説している専門書です。言語行動についての説明に多くのページを割いています。ホーンとロウ（1996）のNaming Theoryも紹介されています。

●ことばと行動（日本行動分析学会＝編，ブレーン出版，2001）

　行動分析学会が編集した言語行動に関する専門書で，日本人の研究者が日本の研究を丁寧に解説しています。

●はじめはみんな話せない──行動分析学と障がい児の言語指導（谷 晋二，金剛出版，2012）

　障害のある子どもたちの言語や認知の指導について，行動分析学の歴史的な変遷も踏まえて書かれています。実践に基づいた専門書です。

●スキナーの言語行動理論入門（スティーブン・ヴィノキュアー［佐久間徹・久野能弘＝監訳］，ナカニシヤ出版，1984）

　スキナーの言語行動の分析を詳しく説明した入門書です。スキナーの言語行動の分析について勉強する人には必読書です。スキナー（1957）の *Verbal Behavior* を読む前に読んでおくとよいでしょう。

コラム7　ルールに従うこと／従わないこと

　世の中はルールに満ち溢れています。明示的なルールだけでなく，暗黙のルールなどもあります。さらに「ルールに従うことは良いことだ」というメタ的なルールもあり，ルールに従う行動が日常的に強化されています。もし「私は何をやってもダメだ」という自己ルールを形成してしまったら，どうなるでしょうか。このルールはプライですが，このルールに従えば，何もしなくなるか，自分の行動の不十分な点を見つけるようになってしまうかもしれません。たとえば，テストで良い点を取ったのに，「たまたまだった」と考えたり，「ほかの人はもっと良い点を取っている」と考えたりすることで，ルールと一貫するように，行動するかもしれません。

もし，ルールを単なる言語のひとつ，あるいはコマーシャルのフレーズのように扱うことができたら，どうなるでしょう。コマーシャルでおすすめされているからといって，それをすべて真に受けて商品を買うわけではありません。コマーシャルはコマーシャルとして，時には聞き流して，好きな行動をすることができるのではないでしょうか。

（谷 晋二）

関係フレーム理論

谷 晋二

このセクションの学習目標

❶関係フレーム理論による言語行動の定義について説明できる。

❷恣意的に適用可能な関係反応（AARR）について説明できる。

❸一貫性（coherence）について説明できる。

❹アナロジーやメタファーについて，関係フレーム理論から説明できる。

●スキナーの定義からの発展

　スキナーの言語行動の分析は，言語学者や言語発達心理学者から受け入れられなかった。スキナーの分析は言語行動の機能の分析であったため，言語の文法的構造や言語獲得過程を十分には説明できないという不満が，言語学者や発達心理学者にはあったからである。たしかに，子どもは急速に言葉を獲得していくので，その一つひとつが直接に学習されているとは考えにくい。また，直接学習したことのない言葉を子どもが学習していくことを説明できないと批判された。さらに，認知療法家は言語の内容が人間の行動に大きな影響を及ぼしていると考えていたので，言語の内容よりも話し手と聞き手の相互関係に焦点を当てるスキナーの分析が，認知療法のなかに取り入れられることはなかった。

　一方で，スキナーの言語行動の分析をもとに，自閉症児への言語指導プログラムが開発され，大きな成果を挙げていった。スキナーの分析は，言語学者や発達心理学者に受け入れられなかったという課題を残しつつも，実践面では「役に立つ」分析として，自閉症児の言語指導には欠かすことのできな

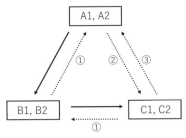

実線は訓練が行われる関係で，破線はテストが行われる関係を示す。
①は対称律，②は推移律，③は等価律を示す。

図2-3 刺激等価性の模式図

いものとなっていった（谷，2012）。

1960年代の行動分析学の大きな発見のひとつは，**刺激等価性（Stimulus Equivalence）**である。シドマン（Sidman, 1994）たちは，複数の刺激関係がつくられると，直接学習していない刺激関係が出現することを報告している。たとえば，物理的な類似性のない刺激Aと刺激Bが関係づけられ（つまり，刺激Aが提示されたときに刺激Bを選択することが強化され），次に刺激Bと刺激Cが関係づけられると，直接の学習が行われていない関係（A→CまたはC→A）が出現する。図2-3は，刺激等価性の模式図である。

物理的な類似性のない刺激同士を関係づけることは，**恣意的な（arbitrarily）関係づけ**と呼ばれる。直接の学習経験のない関係の出現は，**派生的な（derived）関係**と呼ばれる。A→B，B→Cという2つの種類の関係が条件性弁別手続きによって関係づけられると，4種類の派生的な関係が出現する（B→A，C→B，A→C，C→A）。それらの派生的な関係は，対称律，推移律，等価律と呼ばれる。この3つの派生的な関係が出現することは**刺激等価性**と呼ばれる。

刺激等価性の現象は，言語能力をもつ我々にとってみれば，当然のことのように思えるだろう。しかしながら，刺激等価性を明確に示す動物は人間だけなのである。チンパンジーやボノボなどのヒト以外の霊長類でも刺激等価

性の形成は難しい。そのため，刺激等価性は人間の言語や認知能力の基盤能力として考えられている。

　その後，刺激等価性に関連する研究は，大きな発展を示した。恣意的な関係づけと派生的な関係の出現は，等価な（イコールの）関係だけではなく，条件性（〜ならば），因果（〜だから），比較（〜より）などの関係でも出現することが確かめられてきた。刺激等価性に関する研究の成果は，ルールとルール支配行動の研究を包含しながら，関係フレーム理論（RFT）へと発展していった。シドマンが対称律，推移律，等価律と記述した派生的な関係は，RFTにおいては**相補的内包（mutual entailment），複合的内包（combinatorial entailment）** と呼ばれる。

　RFTの研究者たちは，人間の行動の**予測（prediction）と影響を与えること（influence）** という行動分析学の目的のためには，言語行動を関係反応に基づいて定義することが適切だと考えた。彼らは言語行動を「相補的内包，複合的内包，そして刺激機能の転換に従って出来事や刺激関係をフレーム付けすること」と定義している（Hayes et al., 2001, p.43）。

　RFTの中核は，**恣意的に適用可能な関係反応（Arbitrarily Applicable Relational Response：AARR）** と，それによる**刺激機能の転換**である。物理的な類似性のない刺激同士が関係づけられ（恣意的に適用され），それらが派生的な関係反応を作り出し，機能的転換を起こす。たとえば，図2-4は単純な関係反応と刺激機能の転換を図示している。実物のクモを見たときの恐怖反応が，「クモ」という音声を聞いただけで喚起されるのは，実物のクモと音声刺激「クモ」が等価の関係で関係づけられているからである。そして，実物のクモと音声刺激「クモ」との間には物理的な類似性は全くなく，日本語の言語コミュニティのなかで恣意的に関係づけられて強化されている。次に，蜘蛛という漢字を「クモ」と読むと学習すると，新たな関係づけが生じ，恐怖反応は蜘蛛という漢字に転移していく。

　このような関係反応と刺激機能の転換は，等価の関係だけに生じるのではない。「〜の反対」という関係反応は，幼児期の遊びを通して早くから学習されている。小学校の国語の課題でも繰り返し反対語を答える問題が出される

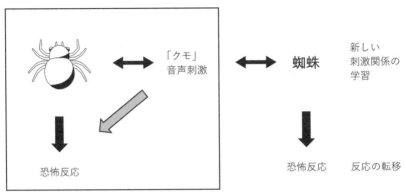

四角のなかはすでに確立していた反応

図2-4　関係反応と刺激機能の転換

など，強固に形成される関係反応である。その結果，我々は容易に反対語を作ることができるようになり，なかば自動的な反応となっている。たとえば，「優しいことは良いことだ」というルールは「優しくないことは悪いことだ」というルールに容易に変換され，「健康は良いことだ」というルールは「不健康は悪いことだ」というルールに自動的に変換される。

　「〜すると…となる」という条件性の関係は，反対の関係を作るという関係反応と組み合わさると，「〜しないと…できない」という形に容易に変換される。「良い成績を取ると親に認められる」という記述は，反対の関係を作るという我々が長い間学習してきた習慣的な関係反応によって，「良い成績を取らなければ親に認められない」という記述に変換されるだろう。あるいは「親に認められるために良い成績を取る」のように変換されるかもしれない（相補的内包）。そして，このような記述は勉強を一生懸命するように我々を駆り立てていくかもしれない（刺激機能の転換）。たとえ，この記述が現実の随伴性を記述していなくても。

　因果関係について述べるとき，我々は「Aの原因はBである」「BだからAした」のような表現を使う。この記述も関係反応である。正しいかどうかに

関係なく，AやBの部分にどのような出来事でも挿入することができる。「つらい出来事があったから，人付き合いがうまくできない」「今，彼女が幸せ（不幸せ）なのは私のおかげ（責任）だ」などのように。

我々の言語能力（関係反応）は，出来事Aと出来事Bを恣意的に関係づけることを可能にしている。そして，この関係反応の多くは日々の生活で我々が効果的に行動することを可能にしているので，関係づけるという反応は強固に強化されつづけている。その結果，何か問題に直面すると，その原因を探そうとする。リビングの電灯が消えたときに，電球が切れていないかを確かめ，電球が切れていれば新しい電球に取り替えることで，問題を解決することができる。それと同じように，不安や怒り，気分の落ち込みに対しても，原因を探して問題を解決するというストラテジーを適用しようとする。

RFTはこのような我々のマインド（言語や認知の働き）の動きを記述・予測し，基礎的な実験によって再現することを可能にしている。さらにRFTに基づいた心理療法（ACT）は，我々の行動を変容するためのストラテジーを提案している。関係反応のもつ刺激機能の転換作用を弱めたり，新たなうまくいく関係づけ反応を作ったりするために，メタファーや体験的なエクササイズ，マインドフルネスのスキルの練習が，ACTでは導入されている。

「数字はいくつ」「考えないようにする」エクササイズ

考えても仕方がないことを何度も考えてしまう。そういう体験は誰にもあるでしょう。友人からそういう相談をもちかけられたら，「考えても仕方がないよ。忘れてしまうのが一番」とアドバイスをするかもしれません。それはうまくいくのでしょうか。考えないようにすること，気を紛らわせることは，とても日常的なアドバイスですし，一時的には効果的なように思えます。RFTでは，一度学習した関係反応はなくならないと仮定しています。ACTのセラピストは，一度学習した関係反応を取り除こうとしてもうまくいかない（helpless）ので，その努力を諦めて，もっと大切なことに向かって行動することを手助け

します。

　そのため，不快な感情や考えを取り除く努力がうまくいかないクライアントのために，いくつかのエクササイズが用いられます。「数字はいくつ」や「考えないようにする」というエクササイズは，よく用いられるものです。

　「ピンクのブタを頭のなかに描いてみてください。あなたはこれまでピンクのブタを見たことがないと思います。頭のなかでピンクのブタの絵を描いてみてください。いいですか？　描けましたか？　それでは，これから1分間，絶対にそれを考えないようにしてください。どんなことをしてもいいです。気を紛らわしてもいいです」。

　さあ，皆さんもやってみてください。 　　　　　　　　　　　（谷 晋二）

●関係反応と一貫性（Coherence）

　人間は，出来事と出来事の間に物理的な類似性がなくても，両者を関係づける能力を獲得してきた。この能力は，恣意的に関係づけられた関係を派生的に拡大させ，我々の行動に影響を与えることができる。そして，この能力を使って，我々は他者と協力し合う（お互いに影響を与え合う）社会を作り出し，社会環境にうまく適応して生活できるようになった。

　他者とコミュニケーションをしていくとき，話し手と聞き手との間に一貫性がなければ，コミュニケーションは成立しない。話し手が「コーヒー」と言ったとき，聞き手がノートを持ってきたのでは，話し手と聞き手は相互に影響を与え合うことができない。話し手と聞き手との間には，言語コミュニティのなかで基本的に**一貫性**（coherence）が保たれている。

　一貫性が保たれていることが言語行動の基盤となっているので，話し手は話した内容が聞き手に「正しく」伝わり，行動することを期待し，聞き手は言語的に指示されたり，教示されたりしたことを「正しく」遂行しようとする。言葉通りに行動することは，多くの場合，話し手と聞き手の両者によって強化されている。

聞き手が話し手自身である場合，つまり「考える」という行動においても，一貫性を保つことは般化され，多くの場合，強化されていく。考えと一貫した行動を取ることは社会的な形でも強化される。「なぜそんなことをしたの？」と問われたときには，話し手は考えと行動が一貫していることを主張し，聞き手はそれを強化していく。

　一方で，言葉通りに行動することがどのような状況でもうまくいくわけではない。「私はいつでも正直だ」「考えてから行動することは必ずうまくいく」と言っている人に，「どんなときでも？」「いつでも？」と例外を尋ねてみるとよい。言葉通りに行動することは，時にはうまくいくし，状況が変わればうまくいかないこともある。一貫性を保つことは言語行動の基盤となっているが，必ずしもうまくいくと保証しているわけではない。どのような場面，状況でも一貫性を保とうとすることは，**無条件の一貫性**（essential coherence）と呼ばれる（Villatte et al., 2015）。

　我々の文化や社会もまた，一貫して行動するように個々人に求めている。「父親は〜するべきだ」「女性は〜である」「赤信号では止まる」など，それに従って行動することが社会的に強化されるような一貫性（実際には，そう行動することがいつもうまくいくわけではない）は，**社会的一貫性**（social coherence）と呼ばれる（Villatte et al., 2015）。深夜の，車の全く走っていない道路では，赤信号でも安全に渡ることができるが，「赤信号では止まる」というルールに従って行動することは社会的に強化されるだろう。社会的一貫性もまた，うまくいくかどうかにかかわらず，社会のなかで強化され，維持されることで，社会の秩序が保たれている。

　いつでも，どのような場面でも，「字義通り」に言葉を受け取り，「言葉通りに」行動しようとすることは，うまくいかない行動を続けるという結果をもたらすことがある。うまくいく行動が継続され，うまくいかない行動は消去されるというのが，動物の行動の基本原則であり，人間も例外ではない。うまくいかないことを続けるのは，強化の原則に反しているのではないだろうか。

　言語行動は「うまくいかない行動を続ける」ことに大きく関係している。

人間は他の動物とは異なり，言語（出来事を恣意的に関係づける能力）をもち，その能力を使ってフォーカスを当てる出来事を変化させている。たとえば，「切るもの」を探しているとき，我々はハサミやカッターなどに選択的に注目し，空腹を感じたときには，レストランやファストフード店を探すかもしれない。これらの行動には，「切るもの」→ハサミやカッター，「空腹」→レストランという関係反応が作用している。また，行動の結果として生じる出来事に対してもフォーカスを変えることができる。オリンピック選手が金メダルを夢見て，厳しい苦痛を伴う練習に励むときには，毎日の苦しい体験よりも，「将来の金メダル」という言語的な出来事にフォーカスをしている。「将来の金メダル」は，今ここにある現実の出来事ではなく，あくまでも言語的なものである。関係づける能力は，今感じている身体的な苦痛を覆い隠し，「将来の金メダル」という言語的な強化子に対する感度を増大させることができる。

　我々の周囲には数え切れない刺激が存在し，感覚器官を通して脳のなかに入り込んでいる。それらの刺激はさまざまなフィルターによって選択されている。言語（関係づけ反応）はより高次な感覚フィルターなのかもしれない。

　新しい行動に挑戦し，失敗を体験したとき，「私はいつも失敗ばかりしているから，今回もそうだ」と言語的な関係づけを行うこともできるし，「この失敗は将来の役に立つ」と関係づけることもできる。前者では新しい行動に挑戦をする行動が抑制され，後者ではそれが促進されるだろう。このような考えは**認知的な解釈**と呼ばれる。否定的な解釈や出来事の一部分に選択的に注目した解釈は「不合理な信念」と呼ばれ，認知療法や論理療法において介入の対象となってきた。ネガティブな考えよりもポジティブな考えをもつほうが，精神的な健康や向社会的な行動に重要であると考えられている。

　考えをポジティブ／ネガティブと判断する視点から離れて，考えと行動あるいは出来事との一貫性という観点から検討してみよう。考えと出来事の間に，つねに一貫性を保とうとすると（無条件の一貫性），我々は出来事の一部あるいはすべてを無視するしかないだろう。「男は野蛮だ」というときには，優しい男性の存在を無視することになるし，「日本人は親切だ」というと，日

本人の不親切な行動に出会ったときに激しい怒りを感じるかもしれない。

「スプーンの便利な使い方」をインターネットで検索してみると，ユニークな使い方が紹介されている。「スプーンは物をすくうもの」という辞書的な定義との一貫性を保とうとすると，スプーンを本立てとして使うという方法や，アイシャドゥのルーラーとして使うという方法は思いつかない。大勢の人の前で話をするときに，「緊張や不安は取り除くことが必要だ」という考えと一致した行動を取ると，そこにあるかもしれない好奇心や冒険心が見えなくなるかもしれない。

臨床的な場面では，考えと一致しない出来事が起きたときに，考えと出来事とを一致させるように新たな言語反応が作られ，一貫性が保たれることがある。そしてその結果として，強化に巡り会わないにもかかわらず，「うまくいかない行動」が継続していることがある。たとえば，あるクライアントは「自分は人から嫌われている」という強い考え（不合理な信念）をもっていた。あるとき彼女は友人からカラオケに行こうと誘われた。人から嫌われていることとカラオケに誘われることは矛盾するので，彼女の関係づける能力は，この出来事と自分の考えに何かしらの折り合いをつけようとする。彼女は「みんなで私を笑い者にしようとしている」と考えることで，出来事と信念の間に収まりをつけた。結局，彼女は友人とカラオケを楽しみ，「みんなも楽しそうにしていたし，私も楽しかった」と話したのだが，そのすぐあとで，「でも私がいかなかったら，もっと楽しかったはずです」と答えていた。彼女の不合理な信念は，このようにして強化されていると考えられる。一貫性が保たれているということは，強力な強化子のひとつなのである（Dahl et al., 2014）。

我々の獲得した関係づける能力は，話し手と聞き手との間，自分自身の考え同士，自身の考えと行動の間に，一貫性を保つことだと考えると，無条件の一貫性や社会的一貫性が関与する「うまくいかない行動」を変容していくためには，関係づける能力を放棄する以外に方法はないのだろうか。もし，関係づける能力を放棄することができたとすれば，我々は他者とコミュニケーションを取ることができなくなり，マニュアルを読んで機械を操作すること

もできなくなるだろう。

●影響源に敏感になるために

RFT は，一貫性を文脈に応じて柔軟にしていくという方法を提案している。無条件の一貫性や社会的一貫性が関与する「うまくいかない行動」の変容のために，その行動のワーカビリティ（うまくいくかどうかという視点）に基づいて，柔軟にしていく方法である。

ワーカビリティという視点は，何を目的にしているのかという視点でもある。髪の毛を留めるという目的のために，ボールペンを髪留めとして使うことができる。暗闇で懐中電灯がないときには，携帯電話はライトとして使うことができる。本立てがないときには，2本のフォークを重ねて本立てにすることができる。同じように，我々の行動もどのような目的に対して「うまくいくのか」を検討することができる（機能的文脈主義の考え方／本章「文脈的行動科学」セクション参照）。

どのような状況（先行事象）に対して自分自身の行動が出現しているのか，それを観察・記述していき，次にはその行動がどのような結果をもたらしているのかを記述していくスキルが，行動の有用性を検討するためには必要である。その具体的な方法について，ACT Matrix を使った方法を第1章で紹介した。そこでは，ACT Matrix のダイアグラムを使って，自分自身の行動を記述し，「大切な人」や「大切なこと」に向かっていく目的（文脈）において，その行動の有用性を検討した。

●アナロジー

関係反応は，我々の言語学習の発達に伴って複雑化していく。**アナロジー**や**メタファー**は複雑な関係反応の一例で，関係を関係づける反応である。たとえば，アナロジーを使わずに会話をすることを，少し考えてみてほしい。「気分が落ち込む」「太陽のような人」「泥のように眠る」「ブルドッグのよう

The vehicle（source）		The target
流砂のなかでもがく		不安を回避しようとする

――――― 一致のフレーム ―――――　　　条件性のフレーム

| 沈んでいく | | 長期的には不安が増大する |

図2-5　流砂のメタファー

な人」「プードルみたいにかわいい」など，日常生活の会話はアナロジーであ
ふれている。

　アナロジーとは，2つの関係反応が一致の関係に関係づけられた関係反応
である。「山田さんと井上さんは犬猿の仲だ」というアナロジーは，山田さん
と井上さんの関係と犬と猿の関係が一致した関係づけである。図2-5は，ACT
のなかでたびたび用いられる「流砂のメタファー」の関係を示している。セ
ラピストはクライアントに「不安を回避しようとするとますます不安が増大
している」ことに気づかせたいと思っている。このメッセージをビークル［註］
である「流砂のなかでもがくこと」がより鮮明に伝えている。

　トールネケ（Törneke, 2017）は，メタファーを効果的に使用するための3
つの要素を挙げている。①メタファーのターゲットはクライアントにとって
重要な機能をもつ出来事でなければいけない。そのためには，セラピストが
メタファーを使う目的を明確にし，機能分析からターゲットを選択する必要
がある。②クライアントがセラピストの言おうとしていることを認識できな
ければならない。そのためには，メタファーで使われるトピックスを，クラ

――――――――――

［註］ターゲットとは，話し手が聞き手に伝えたい内容で，ビークルはそれをうまく伝
えるために用いられる表現である。

イアントのなじみのあるもの，よく知っているものから選択する必要がある。サッカーの好きな人にはサッカーの話題を使ったメタファーを作り，料理の好きな人には料理を題材にしたメタファーを作ることが，メタファーを効果的に使うポイントとなる。③メタファーのソースは，ターゲットよりも明確な特性や機能を含んでいなければならない。セラピストのメッセージを運ぶ乗り物として機能するソースは，メッセージをより明確に強調している必要がある。

参考図書 ─────────────────────────────

- 関係フレーム理論（RFT）を学ぶ（ニコラス・トールネケ［山本淳一＝監修］，星和書店，2013）
  関係フレーム理論について日本語で学べる図書です。

- 言語行動とは何か．In：ACT ハンドブック（武藤 崇＝編，星和書店，2011，pp.19-35）
  文脈主義からみた言語行動の分析が丁寧に説明されています。

言語的自己概念

谷 晋二

このセクションの学習目標

❶言語的自己概念について説明できる。

❷3つの機能的に区別された自己について説明できる。

❸柔軟な自己概念を育てていく方法について検討することができる。

● 自己概念

日本の教育や心理臨床のフィールドで，**自己肯定感**や**自己効力感**などの自己概念の重要性が強調されてきている。多くの研究が，ポジティブに自己を捉えることがさまざまなパフォーマンスや良好な社会的な関係と結びついていることを示し（佐久間・無藤，2003；小塩，1998），自己肯定感を高める心理教育的プログラムが開発され実施されている（彦島，2015；香川，2005；高橋，2002）。これらの研究では，自己肯定感や自己効力感が低いことが特定の行動の原因として考えられたり，説明する変数として扱われていたりしている。また心理療法の分野でも自己概念は中心的な関心事であり，意思決定や行動の原因となる心理的な構成概念として扱われてきた（Baumeister et al., 2003）。多くの研究でローゼンバーグの自尊感情の概念が扱われ，自己肯定感尺度（Rosenberg, 1965）がプログラムの有効性を評価したり，他のパフォーマンスとの関連を調査したりするために使用されている。

しかし，高い自己肯定感をもつことが必ずしも好ましいとは限らない。高垣（2009）は，臨床的な観点から教育場面での自己肯定感を高める指導に注意を促している。高垣（2009）は，「何かができる」「有能である」「他人の

役に立つ」などと評価して自己を肯定的に捉えることを一面的に求めるような指導は，「役に立たないのであれば，存在しないほうがよい」という自己否定につながる危険性があると指摘する。そして，自己の否定的な側面も含めて「ありのままの自分で大丈夫」という存在レベルでの肯定が重要であり，それが安全基地となるように援助する必要性を強調している。

　マインドフルネスに基づく認知行動療法（Mindfulness-Based Cognitive Behavioral Therapy：MBCBT）では，マインドフルネス・エクササイズを通して自己に対する思考を，それがポジティブな内容であってもネガティブな内容であっても，囚われることなくただ単なる思考のひとつとして扱う練習をする。MBCBTでは，自己をどのように考えるか（自己についての言語的内容）ではなく，言語内容に囚われないようにすることが重要であると考える。肯定的に自己を捉えることも，それに囚われれば，行動の多様性が制限され，うまくいかない行動を反復するようになるなどの危険性をはらむと指摘されている（Harris, 2009）。

●行動分析学，RFT，自己概念

　機能的文脈主義を哲学的背景とする行動分析学では，心理的な構成概念を行動の原因や媒介要因として用いない。行動分析学は行動の原因を生活体と環境との相互作用に求め，その目的は行動の予測と行動に影響を及ぼす環境要因を明らかにすることにある。

　しかしながら，これまでの行動分析学の研究は，自己肯定感や自己効力感などの高次な自己概念を分析するには十分ではなかった。行動分析学による自己認識に関する研究では，言語をもたない動物を対象にした研究や，ヒトのセルフコントロールに関する研究が進められてきたが（McHugh, & Stewart, 2012），自己概念を分析するには従来の行動分析学の発展的な拡大が必要であった。そこで，機能的文脈主義のなかで言語や認知に関する行動を理論的に拡大しようとする試みのひとつがRFTである。

　RFTによる自己の分析は，従来の行動分析学による自己の説明（自分自身

の現在や過去の行動を弁別刺激とした行動，セルフコントロールや衝動性に関する説明）と結びついているが，それを超えて拡大している。自己に関する発達的・社会的な研究は，**パースペクティブ・テイキング（Perspective Taking：PT）**が自己の確立に大きな影響を与えていると示唆しているが，RFTによる自己の研究はそれらを単に置き換えたものではない。RFTは，自己やPTを確立したり改善したりする方法へとつながる，新しい概念的で実証的なアイデアを提案している。

RFTは自己やPTを生み出す学習歴や環境的要因にハイライトを当て，関係反応や社会的な強化ヒストリーが環境から自己を弁別することや，他者や心理的内容や文脈から自己を弁別することに重要な役割を果たしていると予測している。RFTは，自己やPTを確立したり改善したりすることに関与する環境的要因を明らかにでき，心の理論，PTの発達に遅れが見られる自閉症児への指導，心理的な課題をもつ成人への心理療法に応用可能な情報を提供できる（Stewart, 2013）。

RFTの視点によれば，自己概念は，物事を恣意的に関係づける能力（関係づけ能力）によって形成された，関係反応のネットワークのひとつである**言語的な自己（the verbal self）**と考えられる（Dahl et al., 2014 ; McHugh, & Stewart, 2012 ; Stewart, 2013）。

物事を関係づける能力のユニークな点は，恣意的に，派生的に物事を関係づけ，行動の機能的転換を起こす点にある。関係フレーム理論は，関係づけの能力を**恣意的に適用可能な関係反応（AARR）**と定義している（Törneke, 2010）。自己は，この関係づけ能力によって作られた関係ネットワークの集合体である。

自己概念は，自分について話すという行動から発達していくと考えられている。そもそも抽象的概念は，複数の異なる刺激に対して共通の反応を繰り返すことで形成される。たとえば，色概念の形成を考えてみよう。さまざまな事物に対して「アカ」と命名することを繰り返すと，それらの事物の共通要素が「アカ」という言葉と等価な関係を作り出す。つまり，いろいろな事物に対して「赤いリンゴ」「赤い車」「赤い靴」……と繰り返すことで，それ

らの事物に共通した要素（刺激クラス）が「アカ」と命名される。同様に，「私は〜だ」「私は〜を持っている」「私は〜している」「僕の〜」「…ちゃんの〜」などのように，話し手自身を表す言葉を使った記述を反復することで，それらの出来事に共通している要素が自己として概念化される。もちろん，この学習が成立するためには，身体的な存在としての自身を他者から弁別する能力が前もって必要になる。それは赤色を区別するために，適切な視覚弁別能力が必要なことと同じである。

　これらの「私」を含んだ記述（タクト），たとえば「私は〜している」「私は〜を持っている」「私は〜と感じている（考えている）」などのなかには，つねに自分自身と区別された他者の存在（私−あなた（I／You））の関係が含まれている。同時に，「私は〜」「私はさっき〜した」というタクトは，「今（Now）」と「さっき（Then）」の弁別を促進する。「あなたはそこで何をしているの？」という質問に「私はここで〜している」と答える場合には，I／Youの関係だけでなく，「ここ（Here）」と「あそこ（There）」という場所に関する関係フレームが含まれている。そのため，「私は〜」という記述を反復することは，他者とは区別された自分自身を，I／You，Now／Then，そしてHere／Thereという関係フレームを使って，明確化し抽象化することに貢献している。

　したがって「私は〜」「私は〜している」などと記述することには，一致の関係以外の，より複雑な関係反応の学習が含まれている。その中心的な関係反応は，対人（I／You），空間（Here／There），時間（Now／Then）の複合した**直示的な（deictic）関係反応**である。話し手はつねに「私」であり，「今」「ここ」という視点に置かれている。また，話し手が今現在いる位置が「今」「ここ」であり，それ以外の位置は「さっき」「あそこ」である。話し手がどこに移動してもこの関係は変わらない。そして，他者が話し手と異なる視点にいることを学習していく。その関係反応を使って，我々は他者の視点や考えを推測することが可能となる（Dahl et al., 2014）。

　子どもは一致の関係だけでなく，より複雑な関係反応を学んでいく。たとえば，条件性（「もし〜だったら」など），階層性（「〜の一員である」など），

比較（「〜より大きい／小さい」など），因果（「〜の原因」など）といった多くの関係を学んでいき，これらのネットワークは自己の概念と関係づけられていく。

●3つの機能的に異なる言語的自己

すでに述べてきたように，関係ネットワークの中心にあるのは，一貫性（coherence）という要素である（Villatte et al., 2015）。関係ネットワークは一貫性を保つ。それは，他者とのコミュニケーションを成立させるために必要だからである。

言語的な自己はさまざまな言語的内容と関係づけられていく。たとえば「私」が「有能である」という言語的内容と関係づけられ，「私は有能な人間だ」というステートメントを作るかもしれない。「私は有能な人間だ」というステートメントをもつ人が，何らかの失敗を体験すると，関係ネットワークと実際の体験は矛盾することになる。関係ネットワーク反応は派生的に広がっていくので，必ずしも実際の体験と一致するわけではない。関係ネットワーク反応が，どのような事態，どのような場面においても実際の体験と一貫することを求めようとすると，多くの問題を生み出す（Villatte et al., 2015）。

「私は有能な人間である」というステートメントと実際の体験の一貫性をどのような事態や場面においても求めることは不可能である。このことは，「それはどのような事態（場面）でも当てはまりますか？」という問いをすることで明らかになるだろう。

関係ネットワーク反応の派生的な特性は，このような一貫性のない事態にも，一貫性を保つように適用されることにある。「私は有能な人間である」というステートメントと失敗をしてしまったという体験の矛盾からくる不快な感情や感覚は，「たまたまだった」「体調が悪かったから」という新たな関係反応（因果）によって低減することができる。あるいは，失敗したという事実そのものを完全に否定することで，低減することができる。その結果，「私は有能な人間である」というステートメントは保持され，まるでどのような

事態や場面でも適用できるように般化されていく。このことは結果的に，うまくいかない行為を持続させることにつながっていく。ACTでは，このような自己概念を「**内容としての自己**」，あるいは「**概念化された自己**」と呼んでいる（Harris, 2009）。

　肯定的に自己を捉えることがリスクを抱えるのは，実際の体験との一貫性を保とうとする姿勢が強い場合である。どのような場面や事態においても，肯定的に自己を捉えようとすると，体験との矛盾を解消するために派生的な関係反応を作り出したり，特定の体験を無視したりすることが必要になる。このことは，その人が接触する情報源を特定の情報源に制限することになり，たとえば，ある特定の問題解決策以外のアイデアが全くないかのように他のアイデアを思いつかなくし，その結果，実際の生活上の困難を作り出していく。

　次の症例は，「私は人から嫌われている」という考えを強くもつ女子大学生である。

　彼女はこの考えを避けるため，頻繁に友人に電話をして「私のことを嫌っていない？」と確認をし，一人で食事をとることを避けている（嫌われている人は一人で食事をするものだと彼女は考えている）。あるとき，彼女は友人からカラオケに誘われた。この出来事は彼女のもつ考えと一致していない。なぜなら，人から嫌われている人は友人からカラオケに誘われないからである。この事態に対して，彼女は「みんなは私のことをかわいそうだと思っている」と考えた。この考えは，カラオケに誘われたという出来事と人から嫌われているという彼女の考えとの間に，一貫性を保つように機能する。

　「カラオケをしているとき，友人たちの様子はどのような様子でしたか？あなたはカラオケを楽しめましたか？」というセラピストの問いに，彼女は「私はとても楽しかったし，友人たちも楽しそうでした」と答え，続けて「でも，もし私がいなかったら，友人たちはもっと楽しめたはずです」と答えていた（図2-6）。

　ここでも，新たな言語ステートメントを作ることで彼女の無条件の一貫性が保たれている。「概念化された自己」は心理的に柔軟ではない状態を作り，

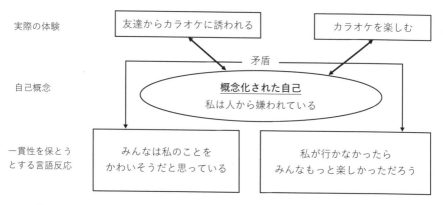

実際の体験

友達からカラオケに誘われる

カラオケを楽しむ

矛盾

自己概念

概念化された自己
私は人から嫌われている

一貫性を保とう
とする言語反応

みんなは私のことを
かわいそうだと思っている

私が行かなかったら
みんなもっと楽しかっただろう

図2-6　概念化された自己が一貫性を保つように言語ステートメントを作る

さまざまな心理的，社会的，行動的な問題とリンクする（Masuda et al., 2009, 2010）。

●柔軟な自己

　RFTはこのような問題の解決策として，関係反応を柔軟に変化させていくことを提案している。我々の体験や考えは，つねに変化し（ongoing），視点（文脈＝ the context）によって異なっている。ある出来事を「良い」とする考えも，状況が変われば「悪い」と考えることに変化したり，視点を変えることで，「正しい」考えが「間違っている」考えに変化したりする。このような体験は，自己と自分自身のもつ考えとの弁別を可能にする。ある体験に対する「あれは失敗だった」という考えは，特定の視点・文脈でのことであり，視点を変えれば別の考えが可能である。このように現在進行形で視点によって変化する自己は，**プロセスとしての自己**と呼ばれる。

　マインドフルネスのエクササイズは，我々の体験や考えがつねに変化し，視点によって変化する体験を促進する。我々の考えや感情を，空に浮かぶ雲や川の流れのなかの葉っぱのように体験し，考えや感情を見ている存在とし

て自己を概念化することができる。瞑想体験は、評価や判断などの関係フレームづけを伴わずに「今この瞬間」の体験を観察し記述する体験であると考えられる。そのため、我々がすでに学習している関係反応の影響を低減し、考えや感情の現在進行形の性質に接することを促進する。単に出来事を観察し記述することを目的とするマインドフルネスの体験には、「今この瞬間」に起きている出来事に、「気づく」「観察する」「記述する」というスキルが含まれている。ただし、ストレスや不安を低減する目的のために瞑想体験をすることは、すでにマインドフルネスの活動ではなくなっている点には注意が必要である。

パースペクティブ・テイキング（PT）のスキルの練習は、視点を変化させることで、考えや感情が変化することの気づきを促進する。すなわち、マインドフルネスとPTの体験は、自己概念と特定の言語的内容との結びつきを弱めるように働く。

PTのスキルには、直示的な関係反応が使われている。対人的な関係反応（もし、私があなただったら）や時間的な関係フレーム（もし、今があのときなら）、空間の関係フレーム、たとえば、条件性の関係反応（もし〜なら）とそれらの組み合わせ、別の関係フレームとの組み合わせが用いられる。臨床場面では、さまざまな形でこの関係反応が用いられている。「今、あなたは〜と感じていますが、さっきはどうでしたか？」「もし、私があなただったら、どう考えるでしょうか？」「もし、あなたがあそこに座っているとしたら、我々の会話をどのように見ているでしょうか？」などのやりとりに、この関係反応が含まれている。また、同じ境遇の他者の意見を聞くことや、病気から回復した人の話を聞くこと、体験記を読むことなどが効果的なのは、この反応を通して視点の変換が行われるからだと考えられる。

我々の考えや感情がつねに現在進行形で変化していくものであり、視点の変化によって変化するものであるという体験は、刺激クラスとしての自己と特定の思考や感情の内容との結びつきを弱めていく。それと同時に、多様な思考や感情などの情報源（source of influence）との接触を増大する。このことは、これまでうまくいかなかった行為を修正する機会をクライアントに提

供することになる。

　RFTでは，関係ネットワークの一貫性を保とうとする性質を柔軟性という点で確保していくことを提案している。すなわち，関係ネットワークは，状況（文脈）によって変化するという点において，一貫している。RFTはこれを**文脈に対する柔軟な一貫性**（flexible coherence to the context）と呼んでいる（Villatte et al., 2015）。これは日常的に体験することができる。たとえば「apple」という言葉は，それが用いられる状況によって，りんごを要求する言葉になったり，コンピューターを示したり，おとぎ話を思い出させたりする。

　考えや感情が現在進行形で，視点によって変化するという体験のなかでは，自己は特定の思考や感情とは結びつかない。したがって，自己はさまざまな思考や感情が出たり入ったりする入れ物，あるいは視点となる。

　多様な視点から考えや感情を観察し記述するという行動は，このような入れ物としての自己，視点としての自己を促進する。同時に，それら複数の視点の共通性を発見する方法となる。それは，複数の事物を「赤い〜」と呼ぶことを繰り返し，それら複数の事物の共通項を発見し，それを「アカ」という概念としてまとめていく学習と同じである。PTによる複数の視点に共通し，視点の変化によっても変化しない自己は，**文脈としての自己**と呼ばれている。

　文脈としての自己は，特定の言語内容や感情と関連づけられない。複数の視点に共通した，すなわち視点の変化によって変化しない刺激クラスである。それはおそらく，過去の体験から基本的に一貫したものとなるだろう。

　RFTによれば，言語的内容と自己の関係から3つの機能的に異なるタイプに自己を区別できる。「概念化された自己」「プロセスとしての自己」「文脈としての自己」である。Foody et al.（2015）は，これらの関係を，自己と言語的内容との関係づけとしてまとめている（図2-7）。「私（I）」はつねに，「今」「ここ」にあるが，言語的内容もまた「今」「ここ」と関係づけられ，私と等価に関係づけられている。この状態が**概念化された自己**である。「プロセスとしての自己」では，この関係づけは同一であるが，言語的内容はつねに変化

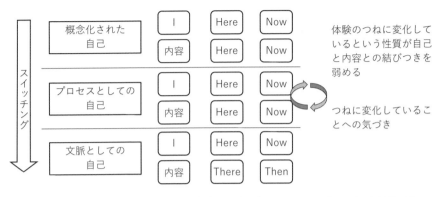

図2-7 3つの言語的自己と言語的内容の関係（Foody et al.（2015）より改変）

しているので，特定の言語的内容との等価な関係は弱まっている。「文脈としての自己」では，言語的内容は「さっき」「あそこ」という空間的・時間的な関係づけがなされているため，言語的内容と自己との等価な関係づけが起こらない。「文脈としての自己」は，さまざまな視点から言語的内容を観察し，記述する「プロセスとしての自己」の体験に共通する部分であり，どのような言語的内容も含まれない。つまり，ある視点からの「私は〜である」という記述は，別の視点からは異なる「私は〜である」という記述となる。それらの記述は，視点が変わるごとに変化していく可能性があり，それらの記述は相互に対立したり矛盾したりする。それにもかかわらず，それらの間には何らかの共通点が存在する。その共通点は，どのような言語的内容とも一致した関係を作らないので，視点あるいは場と呼ばれる。そのため「文脈としての自己」は単なる視点であると表現される。

　このような理解は，臨床場面では「私」に関する表現の違いとして現れてくる。たとえば「私はダメな人間である」「私はダメな人間だと考えている」「私はダメな人間だと考えていることに気づいている」である。多くのクライアントは「私はダメな人間である」という表現で自己を言い表す。これに対して，セラピストは「あなたはダメな人間だと考えているのですね」「ダメな人間だという考えをもっているのですね」と答えるだろう。さらに，視点を

変えることで，別の考えや感情をもっていることにクライアントが気づくように，クライアントの体験を広げていく。これを繰り返すことで，自己と言語的内容は，一致の関係ではなく，差異や階層的な関係（「〜と異なっている」や「〜の一部である」）で結ばれていく。

　Luciano et al.（2011）は直示的な関係づけで作られた脱フュージョンのプロトコルよりも，階層的な関係づけで作られたプロトコルのほうが，問題行動の調節に及ぼす効果が高いことを報告している。Foody et al.（2015）は，自己に関する階層的な関係づけの有効性を報告している。彼らは，48名の大学生の参加者に階層的な関係づけと差異の関係づけに基づくエクササイズがもたらす，不安や不快，悩みに対する効果の比較を行った。階層的な関係づけのエクササイズでは，参加者は「あなたの考えに気がついているのは，あなただと気づきましょう。あなたはここにいて，あなたの考えやイメージは，川の流れに浮かぶあそこの葉っぱの上にあると気づいてください」と教示された。一方，差異の関係づけのエクササイズでは，「あなたは川岸にいて，あなたの思考である葉っぱが川を流れていくのを見ていると想像してください」と教示された。階層的な関係づけと差異の関係づけは，双方ともに不安，不快，ストレスに効果が見られた。2つの関係づけを比較すると，不安と不快に関しては効果に違いが見られなかったが，ストレスに対しては階層的な関係づけがより有効であった。

　高垣（2009）は，現代の子どもや若者の苦境を理解するには，ネガティブな自分を含めて「自分であっても大丈夫」という自己肯定感が重要で，そのような自己肯定感を高めていく援助の必要性があると主張している。加えて，援助者が「何かができる」「有能である」という評価に基づいた自己肯定感を高める指導には，リスクが伴うと指摘している。

　「〜ができるから私はOKである」という記述には，条件性の関係フレーム（conditional framing）が含まれている。我々は反対の関係フレーム（opposite framing）をすでに学習しているので，このステートメントは，すぐさま「〜ができなければ私はOKではない」というステートメントを派生的に作り出す。したがって，高垣（2009）が指摘するように，評価と結びついた自己肯

定感を高めようとする指導は，脅し（負の強化）による指導へとつながりやすくなる。また，そのような指導は「自分にはこういうダメなところがある」という部分否定ではなく，「ダメな人間」「情けない人間」と自分を責める全否定につながると指摘している。

　「私はこういうダメな部分をもっている」というステートメントと「私はダメな人間である」というステートメントは，用いられている関係フレームが異なっている。「〜をもっている」や「〜の一部」という記述では階層的なフレームづけが用いられているが，「〜である」という記述では一致のフレームが用いられている。一致のフレームは「概念化された自己」と呼ばれる機能的な状態を形成する主要なフレームづけである。

　高垣（2009）が指摘している「自分を責める自己否定」とは，自己が特定の言語的内容と等価のフレームづけで強く結ばれた状態であると考えられる。一方で，「自分が自分であっても大丈夫」という感覚は，どのような言語的記述内容も（ポジティブ，ネガティブにかかわらず），自己の概念の一部としてアクセプトしている状態（ACT／RFTで考える「プロセスとしての自己」や「文脈としての自己」）だと考えられる。

●柔軟な自己の発達を支援する

　ポジティブな自己概念は多くのパフォーマンスと関係している。RFTの観点からは，ポジティブな自己概念が柔軟性をもつとき（すなわち自己と言語内容が現在進行形の体験として関係づけられていたり，階層的な関係づけ反応で関係づけられていたりするとき），行動へのポジティブな影響をより多く与えると予測される。逆にポジティブな自己概念が柔軟性を欠けば（すなわち，自己と言語内容が等価の関係づけで関係づけられていれば），うまくいかない行動を反復させるだろう。

　高垣（2009）は，「自分が自分であっても大丈夫」という存在レベルでの自己肯定を育てていくには，理解と赦し（forgiveness）の対応が必要であり，それらを提供する場が必要であると主張している。

直示的な関係づけによるパースペクティブ・テイキング（PT）は他者の考えや感情の推測を促進し，他者への共感（compassion）と赦し（forgiveness）を呼び起こす（刺激機能の変換によって）。「もし，私があなたなら，どのような行動をするでしょう？」や「もし，今があのときなら，あなたはどのような考えや感情をもつでしょう？」などの問いかけは，自分自身や他者の考えや感情を推測することを促進する。それによって，考えや感情がもたらす情緒的な反応を転移させる（Dahl et al., 2014）。

　文脈的行動科学は文脈的な視点に基づく科学である。そのキーコンセプトのひとつは機能的な考え方である。ACTではworkabilityと表現されることが多いが，これは「うまくいっている」かどうかという視点で出来事を観察することである。赦しは，このプロセスと関連している。何らかの失敗を経験すると，それに対して自責感や後悔などの情緒的反応が起きる。それらの不快な感情を回避しようと，さまざまな関係反応が出現する。理由づけ（〜だから）や条件性（もし〜でなかったら）の関係反応が出現するだろう。それらの関係反応を観察し，記述し，そのうえで，workabilityを検討することがセラピーにおいて行われる。これはセラピストの単純な問い「ところで，それはうまくいっていますか？　あなたが一生懸命取り組んできたことは，あなたの本当に望む人生につながっていますか？」によって，クライアントは検討を促される。

　この検討によって，クライアントは，問題を解決しようと一生懸命に取り組んできたことと，それがうまくいっているかという問題を弁別することを促進させ，それまでの努力が単にうまくいかなかっただけであるという視点を取ることが可能になる。これは同時に，他の選択肢（情報源）に接触することも促進させる。

　赦しは，クライアントがうまくいかない問題解決の取り組みを自ら中断し，別の取り組みを始めるために必要な作業である。直示的な関係づけを使って，この作業を促進することができる。主に用いられるメタファーは，「穴に落ちた人」である。このメタファーでは，誰かが歩いているとき，道路に空いている穴に落ちてしまったところを想像してもらう。そして，その人は穴に落

ちた原因を考える。「もし，ちゃんと足元を見ていたら……」「もし違う道を選択していたら……」「わたしが不注意だったから……」などである。クライアントには，穴に落ちた人にどのようなアドバイスができるかを考えてもらう。クライアントは容易に「落ちてしまったことは仕方がないので，穴から出る方法を考える」というアドバイスを思いつくだろう。その後，「もし，あなたがこの穴に落ちた人だったとしたら，自分自身に同じようなアドバイスをすることができますか？」とクライアントは尋ねられる。この質問には，直示的な関係づけ（I／You）反応が使われている。

　他者に対する共感や赦しは，自己に対する共感（self-compassion）と赦し（self-forgiveness）から始まるとRFTでは考えている。これは自己概念が自分自身の行動に対する記述行動から形成されるという分析と同じである。自分自身の行動に対する記述行動が自己の概念を作る。この自己概念の原型は，多様な関係フレームづけ反応を学習することで，複雑なネットワークと関係づけられていく。「私は〜と感じている」という記述行動は，直示的な関係反応（I／You, Here／There, Now／Then）を通して，他者が感じていることを推測することを可能にし，情緒的な反応を転移させる。自分自身に対する共感や赦しも同様に，この直示的な関係反応を通して，他者への共感と赦しの行動を動機づける。

　共感と赦しには，直示的な関係反応だけでなく，マインドフルネスの取り組みを通して習得される個の特異性（idiosyncrasy）を超えた視点や，入れ物としての自己が大きく関与している。この特異性を超えた自己は，他者を自分自身と同じであるとみなす最大限の機会を提供することになるので，他者への共感と赦しを促進する（Dahl et al., 2014）。

　RFTは，文脈に対する柔軟な一貫性（つまり，状況や視点によって我々の体験がつねに変化するという点で一貫していること）を高めることで，人間のもつ言語的な諸問題に対応することができると示唆している。そのためには，多様な情報源に接触することが求められる。関係づけ反応は情報源への接触を制限することも拡張することもある。多様で，時には矛盾する情報源に接触すること（マインドフルネスとPTの活動を通して）が，柔軟性を促進

していく。

　自己をポジティブに捉える自己肯定感が，多様な情報源との接触を制限されたまま適用されると（つまり，柔軟性を欠くと），個人の行動を制限する危険性を孕んでいく。逆に，それが多様な情報源との接触を拡大するように（つまり，柔軟で文化的に）適用されると，個人の行動は拡大し，多様化していくだろう。その結果として，多くの研究が示しているように，自己をポジティブに捉えることが，さまざまなパフォーマンスの向上とポジティブな相関を示すことになる。

　教育や心理臨床のフィールドで活動する人への提言のひとつは，自己に関する言語的な記述を（ポジティブであってもネガティブであっても），柔軟性とリンクさせることの重要性である。自己に関する記述が柔軟性とリンクし，マインドフルネスとPTの活動を通して，階層的な関係反応が用いられ，多様な場面や状況で反復されることで，高垣（2009）が指摘するような「存在としての自己の肯定」や，ACT／RFTにおける「文脈としての自己」の発達を促す。

　2つ目の提言は，マインドフルネスとPTの活動を日常的な活動のなかに積極的に取り入れることである。マインドフルネスとPTの活動は，座禅に代表されるフォーマルな瞑想体験だけに含まれるのではない。日本の日常的なさまざまな活動のなかにある。マインドフルネスの要素は，書道や茶道などの活動，柔道，剣道などの武道に含まれている。四季の変化を楽しみ，繊細な味覚を味わうという日本の文化の特徴のなかにも見られる。作業療法で行われる芸術活動にも，マインドフルネスの要素を持ち込むことができる。読書はPTの体験となり，柔軟性を促進する（Muto et al., 2011）。同じ境遇に置かれた人同士の体験の共有はPTを促進する。そのような教育的・臨床的な実践がエビデンスとして積み上げられていくことが期待される。

　3つ目の提言は，文脈に対する柔軟な一貫性という視点から基礎的な研究を活発化させることである。これまで行われてきた自己肯定感情の理論に関する見直しの研究（Kernis, 2003）や，自分らしくある感覚（本来感／sense of authenticity）の研究（伊藤・小玉，2005），来談者中心療法における純粋

性（genuiness），IAT（Implicit Assessment Test）やIRAP（Implicit Response Assessment Program）を用いた潜在的な自己認識（Bast, & Barnes-Holmes, 2015 ; Valiente et al., 2011 ; Hussey, & Barnes-Holmes, 2012）などの研究をつないでいくことが期待される。

研究者紹介──マシュー・ヴィレット *(Matthew Villette)*

　一貫性（coherence）の問題を考えているとき，イアン（Ian Stewart）から「マットの本を読んでみたら？」と勧められて読んだのが *Mastering Clinical Conversation* という本でした。読みはじめると，RFTの基礎理論と臨床研究をシームレスにつなげて解説した素晴らしい本だとすぐに気づきました。「うん，うん，なるほど」とうなずきながら読み進め，随所にマットの臨床的なセンスの良さを実感することができる本でした。この本はパートナーのジェニファーとの共著となっているのですが，リノ大学にいたジェニファーという名前には聞き覚えがありました。初めて私がACBSのカンファレンスに出たとき，怖くてワークショップに参加できないまま最終日を迎え，意を決して出席したワークショップでインストラクターをしていたのがジェニファーでした。たしかその当時はPD（ポスドク）だったように思います。

　私がアイルランド国立大学の客員研究員だったとき，イタリアのACBS支部が主催する学会に招待されてワークショップを行う機会がありました。マットたちも参加していて，会場で顔を合わせると，ジェニファーはマットのパートナーになっていました。お互いによく覚えていて，久しぶりと声を掛け合い，その当時からの移り変わりを親しく語り合うことができました。

*Mastering Clinical Conversation*はとても素晴らしい本で，半分くらいは自分で全訳を作って何度も読み返しました。ぜひマットのセッションを見てみたいと思うようになっていたとき，ACBSの年次大会のプレカンファレンスで2日間のマットのワークショップが開かれることを知りました。早速ワークショップに参加してみました。ワークショップはケビン・ウォルサーとの共同開催でした。彼女もまた突出した臨床家として知られ，一度スコットランドの学会でワークショップを受けたことがありますが，ワークショップはとてもハードで中級から上級者向けでした。半分くらいしかこなせませんでしたが，とても高度な技術を学ぶことのできたワークショップでした。

　ACBSのワークショップも，体験的なエクササイズ，ロールプレイが実際の臨床に役立つようにアレンジされて繰り返される，とてもハードなものでしたが，豊富な臨床経験をもつ2人の優れた臨床家が，見事なハーモニーで臨床の技術とマインドを伝えるものでした。

　その後も何度かマットのワークショップに参加したり，一緒に食事をしたりする機会がありましたが，プライベートでも優しく紳士的で，礼儀正しい臨床家です。

（谷 晋二）

参考図書

　下記の翻訳書のなかに，自己についてのRFTとACTからの説明があります。それらをあわせて読むと言語的自己についての概要がつかめるでしょう。

- ニコラス・トールネケ［山本淳一＝監修］（2013）第5章 アナロジー，メタファー，そして自己の体験．In：関係フレーム理論（RFT）を学ぶ．星和書店．
- スティーブン・C・ヘイズほか［武藤 崇ほか＝監訳］（2014）第8章 自己のディメンション．In：アクセプタンス＆コミットメントセラピー（ACT）第2版．星和書店．
- ジェイソン・B・ルオマほか［熊野宏昭ほか＝監訳］（2009）第5章 概念としての自己と文脈としての自己を区別する．In：ACT（アクセプタンス＆コミットメント・セラピー）をまなぶ──セラピストのための機能的な臨床スキル・トレーニング・マニュアル．星和書店．

言語的自己について最も良く整理されている本は，McHugh et al.（2019）です。この本では，行動分析学が自己概念をこれまでどのように扱ってきて，今後どのように発展する可能性をもっているかを述べています。

● McHugh, L., & Stewart, I.（2012）The Self and Perspective Taking : Contributions and Applications from Modern Behavioral Science. New Harbinger Publications.
● McHugh, L., Stewart, I., & Almada, P.（2019）A Contextual Behavioral Guide to the Self : Theory, & Practice, Context Press.
● Villatte, M., Hayes, S.C., & Villatte, J.L.（2016）Mastering the Clinical Conversation : Language as Intervention. Guilford Publications.
● Zettle, R.D., Hayes, S.C., Barnes-Holmes, D., & Biglan, A.（2016）The Wiley Handbook of Contextual Behavioral Science. Wiley Blackwell.

文脈的行動科学

三田村仰

このセクションの学習目標

❶文脈的行動科学について説明できる。

❷機能的文脈主義の目的について説明できる。

❸学習の原理に求められる3つのポイントを述べることができる。

　文脈的行動科学（Contextual Behavioral Science : CBS）とは，ACTという臨床実践，RFTという基礎研究，そして機能的文脈主義という哲学を包括した大きなプロジェクトである（Hayes, Strosahl, & Wilson, 2012）。CBSのコミュニティでは，科学者と実践家が互いにオープンな姿勢でコミュニケーションを取り合い，影響を与え合いながら，実践と研究とを相互に発展させていくことを目指している。CBSの活動の拠点は2005年に米国で創立された「文脈的行動科学会（Association for Contextual Behavioral Science : ACBS)」にある。毎年多くの研究者や実践家が世界会議に集まり，そして2012年に創刊された *The Journal of Contextual Behavioral Science (JCBS)* という学術雑誌を通して，それぞれが得た実践的・基礎的知見を共有し，その蓄積と実践での活用を行っている。現時点において，米国内の複数の都市や世界各国に総計40を超える公式の支部があり（例：カナダ，オーストラリア，ニュージーランド，ブラジル，中国），世界で活動が展開されている。2010年には日本支部が設立され，「ACT Japan」という名称で活動を行っている。

　CBSは，正確に言えば次のように定義されている。

CBSとは，原理焦点型で，網目状の科学的そして実践的な発展のための共同体主義的な方略である。文脈的な哲学的前提に基づいて，そして，人生に対する文脈的な見方としての多次元的，マルチレベル的な進化科学の傘下にあって，文脈的に埋め込まれた生活体，個人そして集団全体における行為を，正確性，範囲，深度，そして予測かつ影響に有用な基礎と応用の科学的概念と手法の発展を追い求めるものである。

（Hayes, Barnes-Holmes, & Wilson, 2012, p.2）

　この定義で触れられているいくつかのキーワードについて簡単に解説したい。「文脈的な哲学的前提」とは，**機能的文脈主義**（Biglan, & Hayes, 1996）という哲学的背景を意味している。機能的文脈主義は，きわめて実践的（プラグマティック）で科学的な哲学である。機能的文脈主義では，人の心や行動といった現象を，個々のパーツに分解して捉えることはせず，文脈という歴史や状況のなかで起こっている活動として捉える。たとえば，「本を読む」という行動は，「テスト前で，落第すると大変なことになる状況」で起こっているのか，「以前から関心のあった書籍を今ついに手に入れた状況」で起こっているのか，といった背景情報によって意味が大きく異なる。機能的文脈主義では，行動が起こるそうした文脈を重要視し，そこからその行動がもつ意味を捉えようとする。

　また，機能的文脈主義では，人々がより望ましい人生を歩んでいくことを支援するうえで，あえて心や行動そのものではなく，それを取り巻く環境もしくは文脈の側に着目する。たしかに，目には見えない心を想定することは，人の行動を説明するうえできわめて有用である。たとえば，自分の発表がある日になると決まって授業を休むという，ある学生の行動を説明するには，「うまく発表する自信がないから」というように，心の概念を使えばいとも簡単に説明することができる。そして，「うまく発表する自信」が低くなるほど発表を欠席する可能性が高くなるというように，行動を「予測する」ことも可能になる。しかしその一方で，私たち人間には人の心（および行動）に直接的な「影響を与える」ことはできない。そのため，自信のなさが欠席を予

測するとわかっても，直接的に自信を高めることはできないという大きな課題がある。

　それに対し，機能的文脈主義の目的は，行動についての単なる「予測」ではなく，「予測かつ影響（prediction and influence）」にある。発表日に欠席する学生の例で言えば，たとえば，課題を短くて簡単な発表に変えたり，さらにそういった小さな課題での成功体験を積み上げられるようにしたりするなど，環境側の工夫によって，その人は欠席せずに発表できるようになるかもしれない。つまり，機能的文脈主義では，より効果的に人の行動を予測し，そのうえでそれに影響を与える方法を探ることを目的としている。このように機能的文脈主義が行動の「予測かつ影響」を目的としたとき，具体的には「行動」がどのように変容可能な「環境（文脈）要因」と連動している（機能的関係をもっている）かを明らかにしていくこととなる。発表の例で言えば，簡単な発表（行動）をして皆に褒めてもらう（環境）経験を積んだ結果，その学生は休むことなく，むしろ積極的に発表するようになったとする。こうした「行動−環境」関係のうち，とりわけ洗練された法則のようなものを「学習の原理（行動の原理）」と呼ぶ。すでに示した定義にある「原理焦点型」とは，こうした行動−環境関係に関わる実用的な原理のことを指している。実際の学習の原理とは，厳密な実験によって繰り返し確認される現象のことをいい，「原理」と呼ばれるには，**正確性（precision）**「**範囲（scope）**」「**深度（depth）**」という3つのポイントを押さえる必要がある。正確性とは，どれだけ具体的で確かであるか，範囲とは，少ない概念でどの程度の広さの現象を扱いうるか，深度とは，たとえば生物学など多領域における有用な概念とどの程度一貫しているかを，それぞれ意味している。CBSでいう原理とは，シンプルで適用領域が広い概念なのである（Zettle et al., 2016）。

　学習の原理には，レスポンデント条件づけに関わるものやオペラント条件づけに関わるものなどさまざまなものがあるが，なかでも，CBSにおいて特に重要視されているのが，RFTで扱われる学習の原理である。RFTにおいては，人間がいかに言語というシンボルを用いて，刺激と刺激を関係づけ，そして，刺激関係のネットワークを構築していくかについて，実験研究をもと

にシンプルで実用的な理論を構築している。さらに，広い視点に立てば，オペラント条件づけであれ，関係フレームづけであれ，それらは行動の結果による行動の進化の（もしくは行動が選択される）プロセスと捉えることができる。行動分析学を創始したスキナー（Skinner, 1981）も，もともとオペラントという行動は，行動レベルでの「進化」であると捉えていた。かつては，進化とは，生物種が環境に自らの形を適応させていくプロセスであり，自然環境からの一方的な影響により生物種が変化するプロセスと捉えられていた。しかし，現在，進化とは，時に生物側のより積極的な働きによっても生じることであり，さらには，DNAレベルのみならず，行動レベル，思考レベル，社会レベルといったマルチレベルで生じると考えられるようになりつつある（Jablonka, & Lamb, 2005；Wilson, 2007）。つまり，CBSの定義でいう「多次元的，マルチレベル的な進化科学の傘下」とは，こうしたさまざまなレベルでの進化を捉える進化科学という大きな領域において，行動や思考レベルでの進化を扱うものがCBSであることを意味している（Wilson, & Hayes, 2018）。そして，もし私たち人間が，私たちの行動をより効果的に「予測かつ影響」する原理を理解し，さらにそれに基づいて対人援助をするための具体的なテクノロジーを開発できたなら，私たち人間はより幸福な一生を送ることが可能になるだろう。

　こうした機能的文脈主義を背景とし，そしてRFTを基礎とした具体的な対人支援の方略のひとつがACTである（Hayes, Strosahl, & Wilson, 2012）。ACTにおいて機能的文脈主義の世界観は，すでに述べたように，文脈のなかでクライアントの行動を捉えるという形で反映されている。文脈のなかでものごとを捉えるということは，唯一絶対的な真実が存在しているという発想を手放すことでもある。ACTは，精神障害を抱えるクライアントに対して，セラピストがその症状を取り除くことを第一の目的として関わるのではなく，むしろ，一人ひとりのクライアントが自由に選んだ，「こう生きていきたい」という方向性を実現できるように関わることを目的とする。つまり，個々のクライアントが選んだ「価値」に沿って支援することがACTの目的である。

　また，機能的文脈主義における環境（文脈）への注目は，ACTの介入方略

にも反映されている。たとえば，ACTではネガティブな思考をクライアントが体験しているときに，その思考の内容を変容させようとはしない。むしろ，そうした思考を単に思考としてクライアントが捉えられるようになること（思考との関係性を変えること）で，クライアントにネガティブな思考があったとしても，本人の望むアクションを取れるように支援する。ACTが変えようとしているのは，思考や身体感覚，記憶といった変容が困難な私的事象の内容ではなく，そういった私的事象が人の行動に影響を与えるに至る文脈なのである。

ACTでは目の前のクライアントに適した技法が，柔軟に創造され，適用される。ACTには，体験的エクササイズやメタファーと呼ばれる技法の効果的なテンプレートがいくつも存在している。しかし，セラピストにおいて重要なことは，そうしたテンプレートをそのまま目の前のクライアントに当てはめることではなく，原理をもとにして最適な技法を作り出すことにある。セラピストはさまざまな技法のもととなる原理を理解することで，真の意味でACTを実践することが可能になる（三田村，2015）。こうした点は，米国心理学会が推進している「**エビデンスに基づく心理学的実践（Evidence-Based Practice in Psychology：EBPP**」（APA, 2006）の発想とも軌を一にしている（Hayes, Barlow, & Nelson-Gray, 1999；三田村・武藤，2012）。EBPPとは，研究から得られた最新最善のデータを重視するのみならず，目の前のクライアントの文化や志向性，そして，セラピストの臨床技能のすべてを統合した実践である。

また，EBPPとしてのACTの柔軟な実践にあたって，RFTの研究知見が，新たな技法を生み出すための有用な情報をセラピストに提供してくれるだろう。RFTは，人間がものを考えたり，イメージを膨らませたりといったことについて，基礎研究をもとに発展する理論である。RFTは，人がいかにして言葉（シンボル）によって苦悩し，一方で，言葉によって有意義な人生を体験しうるかについて説得力ある説明を提供してくれる。また，思考が人に与えるインパクトを緩和させるためのメカニズム（脱フュージョン／Blackledge, 2007）や，自分自身に対するイメージへの囚われからどのように解放されう

るか（文脈としての自己）についても，基礎的な研究をもとに実践的な知見を提供している（Foody et al., 2013）。したがって，RFTはACTという臨床実践に大きく貢献している。また，「脱フュージョン」や「文脈としての自己」といったRFTの研究テーマは，RFT自体から生まれたものではなく，ACTを体系化するに至る臨床実践や理論的研究から生まれたものである。つまり，RFTとACTは相互に発展を促進させる関係にある。

　同時に，ACTとRFTには密接な関係があるものの，双方は完全に表裏をなすような関係にあるわけではない。たとえば，ACTにおける「アクセプタンス」「脱フュージョン」「文脈としての自己」「今この瞬間との柔軟な接触」「価値」「価値に基づく行為」という6つのコア・プロセスは，RFTで扱われる基礎的な概念と厳密な互換性をもっているわけではない。さらに，コア・プロセスの半分程度と関連のある「マインドフルネス」や，コア・プロセス全体から概念化される「心理的柔軟性」という用語は，さらにRFTの概念から離れている。こうした概念は，行動分析学の専門家やRFTの研究者のための用語ではなく，むしろ，一般の臨床家やクライアント，社会一般の人々にとって直感的にイメージしやすい用語で，基礎的な用語と一般で使われる俗語との間に位置するような用語であり，「**ミドルレベル・ターム（middle-level terms）**」と呼ばれている（Barnes-Holmes et al., 2016）。RFTで扱われる基礎的な用語と比べ，ミドルレベル・タームは正確性において劣るものの，範囲と深度は保っている（Wilson, 2016）。むしろ，「心理的柔軟性」という用語は，人間の精神的健康を幅広く捉えるだけのすぐれた範囲を備えており（Kashdan, & Rottenberg, 2010），ミドルレベル・タームの使用は，基礎の研究者と実践家（一般の人々）とをつなぐ。こうした用語の使用を認めることは，厳密な用語の使用にこだわってきた伝統的な意味での行動分析学と異なるCBSのコミュニティにおける特徴だと言える。

　ここまで述べたような特徴をもつCBSはクロスワードパズルに喩えられる（Hayes et al., 2016）。ご存知のように，クロスワードパズルでは，個々の行や列の単語を見つけ出していくことで，縦横のマス目に埋めるべき答えを探す。しかし，その完成へのプロセスは，単純に一方向からマス目が埋められ

るのではなく，縦横無尽に，そして一方で得られた解が他方の解を導き，さらには一見無関係に見える離れた場所での解が，思わぬ別の場所での解を導いたりもする。CBSでは，ACT，RFT，機能的文脈主義というそれぞれの営みの発展が，必ずしも直接的，直線的ではない形で相互に影響を与えながら進んでいく。

研究者紹介——イアン・スチュアート *(Ian Stewart)*

　イアンはとても穏やかで礼儀正しく，優しさにあふれた研究者です。研究者にありがちな尖った部分は少しもありませんが，学問的な話をしているときの熱っぽさは飛び抜けています。私がアイルランドにいたとき，たびたび我が家に来て食卓を囲みました。日本のビールが好きで（アイリッシュにもかかわらずギネスよりも日本のラガービールが大好きです），深夜までRFTのこと，文化のこと（彼は歴史が大好きです）などを議論しました。私のアパートにある彼のお気に入りのソファーにゆったりと座り，ビールをちびちびと飲みながら，私たちの話をニコニコと聞いている姿が思い浮かびます。ところが，いったんRFTの話や自己のトピックスになると身を乗り出し，身振り手振りを交えて，話してくれます。

　最近，彼の新しい本 *Contextual Behavioral Guide to the Self* が出版されました。RFTから自己概念にまで及ぶ研究をしている研究者は日本にはほとんどいませんが，自己の問題を考える心理学者，教育関係者，そして宗教関係者にも必読の書籍となるでしょう。2019年6月にアイルランドでACBS 17[th]が行われたとき，彼と一緒に夕食を取りましたが，そのときも，夕食もそこそこにdeictic framingとverbal selfingについて熱の込もった話をすることができました。　　　　（谷 晋二）

関係反応を測定する──IRAPとFAST

茂本由紀

このセクションの学習目標

❶ IRAPとFASTの論文が読めるようになる。

❷ IRAPとFASTのデータの処理と解釈ができるようになる。

❸ IRAPとFASTを用いた実験計画を立て，実験を実施できるようになる。

● IRAPの成り立ちについて

　行動分析学の世界では，日常的な言語の関係性を明らかにするため，刺激等価性の手法の探求が行われていた。その一方で，社会心理学の世界では，潜在的態度（Implicit Attitude）の評価手法を発展させていた。Greenwald, & Banaji（1995）は，この潜在的態度を，「社会的な対象に対して抱いている好意的もしくは好意的でない感情や思考または行動に影響を与える，内省的に同定していない，もしくは不正確に同定した過去の結果」と定義した。つまり，潜在的態度とは，自身では認識していない社会的な対象に対する感情や思考，行動のことを指している。このような潜在的態度を質問紙で測定した場合，意識下での思考や感情を測定してしまうため，うまく測定することができない（de Jong et al., 2001）。そこで，開発されたのが，**Implicit Association Test（IAT）**（Greenwald, & Banaji, 1995）である。

　IATは，2つの概念が似ていないもしくは，関係がない場合よりも，概念が似ているもしくは，関係がある場合に，2つの概念は同一であると判断するのは容易であるという考えをもとにした測定法である。Greenwald et al.（1998）では，花の名前とポジティブ，虫の名前とネガティブが結びつい

ていることをもとに，花の名前とポジティブ，虫の名前とネガティブのキーを押す反応は，花の名前とネガティブ，虫の名前とポジティブのキーを押すときよりも反応が速いということをIATを用いて示した。このような反応時間の違いを利用して，IATでは，偏見といった質問紙では測定できない潜在的態度の測定の研究が進められた。

　また，IAT以外にもRFT分野では派生的関係反応を測定する手法として，**Relational Evaluation Procedure（REP）**（Hayes, & Barnes, 1997）が開発されていた。REPは，表示された刺激の関係性を回答させる測定法である。たとえば，違うという関係性を持つ2つの刺激と，「違う」という文脈手がかりを呈示したうえで，呈示された文脈手がかりをもとに，刺激の関係性が「TRUE」なのか，「FALSE」なのかを反応するよう参加者に求める。そして，この反応により，参加者の関係反応がどのように派生しているかを明らかにすることができる。REPを用いた研究では，一度，文脈手がかりを学習すると，その後，多くの派生関係の反応が構築されることが示されている（e.g. Stewart et al., 2004）。

　IATは，素早い反応を求めることで，潜在的態度を測定する測定法であり，REPは，文脈手がかりをもとに刺激間の関係性がどのように構築されているかを測定する測定法である。その後，RFTの関係フレーム反応の測定法の開発が進められ，IATとREPとを融合させた**IRAP（Implicit Relational Assessment Procedure）**（Barnes-Holmes et al. 2006）が誕生した。IRAPは，はじめIREPと呼ばれていた。しかしながら，I rap，つまりは，I talk quicklyとすることで，IRAPの素早く回答するという課題の特徴が反映された名前へと変更された。IRAPは，REPとIATとを融合したものであることから，それぞれの特性を含んでいる。IRAPは，REPのように特定の関係性を回答させるという特徴があり，刺激間の関係性の性質を測定することが可能となっている。さらに，IATのように，素早く，正確な回答を回答者に求めることで，質問紙では測定できない潜在的態度を測定することもできる。

IRAPは，ターゲット刺激とラベル刺激の2つの刺激がPCの画面に表示され，その2つの刺激の関係性を反応選択肢に対応するキーボードのキーを押して，回答するという構造になっている（図2-8）。参加者は，画面に表示されたラベル刺激とターゲット刺激の関係性をルールに従って，「はい」もしくは，「いいえ」の反応選択肢から選択する。回答が正解だった場合は，次の試行に移行し，回答が不正解だった場合は，赤い×印が画面下中央に，正解の

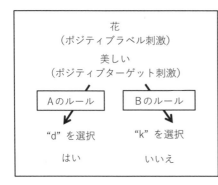
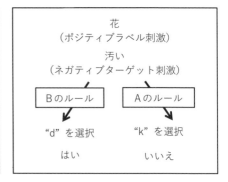
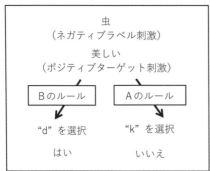
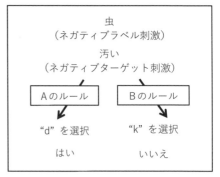

図2-8　IRAPの4つのトライアルタイプの例

なお，カッコのなかの文字と，矢印，囲み文字は，実際の画面では表示されない。囲み文字と矢印は，そのルール下での正解の選択肢を示す。

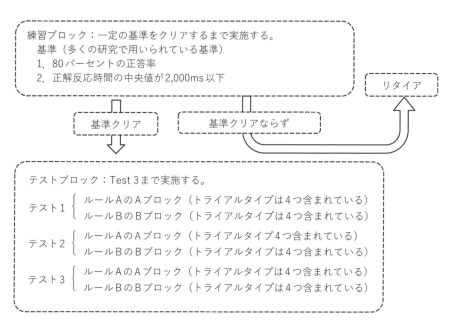

練習ブロック：一定の基準をクリアするまで実施する。
　基準（多くの研究で用いられている基準）
　1．80パーセントの正答率
　2．正解反応時間の中央値が2,000ms以下

リタイア

基準クリア　　　　　　基準クリアならず

テストブロック：Test 3まで実施する。

テスト1 ｛ ルールAのAブロック（トライアルタイプは4つ含まれている）
　　　　　ルールBのBブロック（トライアルタイプは4つ含まれている）

テスト2 ｛ ルールAのAブロック（トライアルタイプ4つ含まれている）
　　　　　ルールBのBブロック（トライアルタイプは4つ含まれている）

テスト3 ｛ ルールAのAブロック（トライアルタイプは4つ含まれている）
　　　　　ルールBのBブロック（トライアルタイプは4つ含まれている）

図2-9　IRAP実施の流れ

回答がなされるまで表示される。

　なお，IRAPでは，4つのトライアルタイプが設定される。この4つのトライアルタイプは，ターゲット刺激2種類とラベル刺激2種類の組み合わせから構成される。例えば，ラベル刺激がポジティブとネガティブの2種類，ターゲット刺激がポジティブとネガティブの2種類の場合，図2-8のような4つのトライアルタイプとなる。

　IRAPは，練習試行とテスト試行で構成される。そして，テスト試行は，2つのルール下で反応する2つのブロックが存在する構造となっている（図2-9）。

　練習試行：練習試行は，参加者が一定の速度，および正確な反応ができるように練習するブロックであり，テストブロックに移行可能であるかを見極めるブロックでもある。テストブロックに移行するにあたっては，正答率と反応時間の中央値の2つを基準に判断がなされる。IRAPでは，正確で速い反

応が求められる。研究によって，正答率と反応時間の中央値の基準はいくつかあるが，近年よく用いられている基準は，正答率が80％以上，反応時間の中央値が2,000m秒以下である（Hussey et al., 2015）。どのような基準を使用するかは，研究によっても違いがあるので，使用するIRAPの先行研究をもとに決定することが望ましい。

テスト試行：テスト試行では，テストが3つあり，1つのテストは2つのブロックから構成される。そして，AブロックではAというルール下での反応，BブロックではBというルール下での反応が求められる。たとえば，Aのルールが，「日常での反応をしてください」というルールであれば，図2-8のトライアルタイプ①では「はい」，トライアルタイプ②では「いいえ」，トライアルタイプ③では「いいえ」，トライアルタイプ④では「はい」が正答となる。一方，Bのルールは，Aのルールとは逆のため，「日常とは反対の反応をしてください」というルールとなる。そのため，図2-8のトライアルタイプ①では「いいえ」，トライアルタイプ②では「はい」，トライアルタイプ③では「はい」，トライアルタイプ④では「いいえ」が正答となる。このAブロックとBブロックは交互に実施され，実施順序は参加者間でカウンターバランスを取る。

AとBのルールには，どのようなルールを当てはめることも可能であり，実験の目的に応じて，ルールが設定される。これらのルールは，ブロックが切り替わる際に，画面に表示され，参加者はそのルールを見て，ルールに沿った反応をすることとなる。そのため，すでに構築された関係性に沿ったルールであれば，そのルールに沿った反応は速くなる。一方，構築された関係性に沿っていないルール，つまり，実験室内で初めて体験するルールであった場合，そのルールに沿った反応は遅くなる。このようなルール下での反応速度の違いから，参加者が構築している関係性を測定する。

実際にIRAPをPCで起動させ，使用するうえで，現在，2つのプログラムで作成されたIRAPが使用可能となっている。ひとつはVisual Basic 6で作成されたものであり，もうひとつは，PsychoPyで作成されたものである。どちらもAsscociation for Contextual Behavioral ScienceのHPからダウンロード可能である。

IRAPでは，刺激が呈示されてから，正解の反応が得られるまでの時間が計測される。そして，Visual Basic 6で作成されたIRAPを使用した場合，計測した反応時間はWordで出力される。PsychoPyで作成されたIRAPを使用した場合は，Excelで出力される。

まずは，IRAPで使用されるD_{IRAP}得点について説明する。IRAPでは，反応時間が計測される。しかしながら，質問紙などと同様に，ローデータのままでは，反応時間の分析を行うことは難しい。そこで，反応時間の処理を行う。反応時間の処理方法は，いくつかあるため，実験の目的に応じて決めることが推奨されている。ここでは，最も多く使用されている，Greenwald's dについて紹介する。この指標は，Bブロックの反応時間から，対になっているAブロックの反応時間を引き，AとBの両ブロックのSDで割るという方法で算出される。この値は，D_{IRAP}得点もしくはDスコアと呼ばれている。

次に，各プログラムで記録されるローデータの記録と，D_{IRAP}得点の算出方法について説明する。まず，Visual Basic 6で作成されたIRAPの場合，最初に，ラベル刺激とターゲット刺激の組み合わせごとに，反応時間と反応の正解と不正解が記載される。その記載に続き，その試行における正答率が記載される。続いて，4つのトライアルタイプごとの反応時間の平均値が記載され，その下に全反応の平均値が記載される。ここまでの内容が，1つのブロック分となる。そして，同様の記載項目が6ブロック分，続けて記録される。6ブロック分のデータが記載された下に，Cohen's dのD_{IRAP}得点とGreenwald's dのD_{IRAP}得点の数値が算出され，記録される。

PsychoPyで作成されたIRAPプログラムの場合，ラベル刺激とターゲット刺激の組み合わせごとの反応時間と反応の正解と不正解のみがExcelに記載される。Excel上では，D_{IRAP}得点の算出はなされない。しかし，PsychoPyのdataフォルダのなかの「data_processing.rmd」ファイルを使用すると，D_{IRAP}得点の計算および，平均反応時間，練習試行の通過および不通過を分析し，その結果をExcelで出力することができる。

続いて，D_{IRAP}得点の算出手順について解説する（表2-2）。D_{IRAP}得点を算出する前に，まずはデータの除外が必要となる。データの除外には，2つの工程がある。最初の工程は，極端に早い反応の除外である。IRAPは，試行数が多いことから，参加者によっては，モチベーションが低下し，実験を早く切り上げるために，適当に反応することがある。そのような反応を除外するため，300 m秒未満の反応が反応全体の10%以上となった場合，その参加者のデータは除外する。2つ目の工程は，時間のかかりすぎた反応の除外である。時間がかかりすぎると正確に関係フレーム反応を測定できない可能性がある。そこで，10,000 m秒より時間がかかった反応時間は除外する。この2つの工程を実施した後，D_{IRAP}得点を算出する。なお，2番目の除外作業とD_{IRAP}得点の算出は，IRAPのプログラムを使用した場合，自動的に行われる。ただし，1番目の除外作業は，IRAPのプログラムで自動的には実施されないため，自身で除外作業を実施する必要がある。

　次に，練習試行の基準がテスト試行でも維持されているかを確認し，基準が維持されていない場合は除外が必要となる。なお，除外には2種類の方法がある。まず1つ目が，どこかのブロックにおいて，1つでも反応速度および正答率の基準を満たしていない場合は，その参加者のデータすべてを除外するという方法である。この方法は，昔から実施されている方法である（e.g. Barnes-Holmes et al., 2010）。もうひとつは，1つのテストセクションにおいて，AブロックもしくはBブロックのどちらか一方で，基準が満たされていない場合，そのテストセクションだけを除外する，または1つ以上ブロックで，基準が満たされていない場合は，参加者の全データを除外するという方法である。この方法は，除外基準のハードルを下げることで，除外者を減らすことができる（e.g. Nicholson, & Barnes-Holmes, 2012a）。紹介したどちらかの基準を用いて，テスト試行でも反応速度および正答率の基準が維持されているかを確認し，維持されていない場合は，データを除外する。なお，この除外は，プログラム上にて自動で実施はされないため，手作業での作業が必要となる。

　最後に，4つのトライアルタイプごとに，D_{IRAP}得点の平均を算出する。こ

表2-2　IRAPのスコアリングの手順

手　順	内　容
1. 測定の単位の決定	刺激が呈示されてから，最初の正解反応が得られるまでの反応時間。
2. 速すぎる反応の除外	参加者ごとに，300m秒未満の反応が1つのテストブロックにおいて10%以上になった場合，その参加者のデータを除外する。
3. 外れ値の除外	各トライアルタイプにおいて，10,000m秒以上の反応は除外する。
4. 得点の計算	トライアルタイプごとに以下の式を用いて，D_{IRAP}得点を計算する。 $D \quad = (M_B - M_A) / SD_{AB}$ $M_A =$ ブロックAの潜時の平均値 $M_B =$ ブロックBの潜時の平均値 $SD_{AB} =$ ブロックAとブロックBの潜時のSD
5. 正答率と反応速度を維持できていないデータの除外	テストブロックにおいて，正答率と反応速度を維持できていない場合は，データを除外する。以下の2つの方法のうち，どちらかを使用することが多い。 (a)テストブロックにおけるどこかのブロックにおいて，正答率や反応速度の基準を維持できなかった場合，その参加者のデータはすべて除外する。 (b)1つのテストにおいて，どちらか一方のブロックで正答率や反応速度の基準が維持できなかった場合，そのテストを除外する。
6. 全体の得点の算出	トライアルタイプごとに以下の式を用いて，全体D_{IRAP}得点を算出する。 $D_{final} = (D_{test1} + D_{test2} + D_{test3}) / 3$
7. 値の変換	IRAPの内容や分析方法によって，4つのトライアルタイプのうち，2つのトライアルタイプの値を-1をかけて変換する。このような処理をすることで，直感的に値を解釈しやすくなる。

注：IRAPプログラムを使用した場合，1と3と4と6のステップは自動的に算出が行われる。しかしながら，2と5と7のステップは手作業で実施する必要がある。また，ステップ5のbで除外を行った場合，ステップ6の計算は手作業で実施する必要がある。この表は，Hussey et al.（2015）を一部改変したものである。

れは，テストセクション1のD_{IRAP}得点，テストセクション2のD_{IRAP}得点，テストセクション3のD_{IRAP}得点を足して，3で割って算出する。この4つのトライアルタイプごとのD_{IRAP}得点の平均は，自動で算出される。しかしながら，練習試行の基準の維持に関する2つ目の除外基準で，除外を行った場合，再計算が必要になるため，注意が必要である。

　ここで，反応時間の数的処理についての注意事項を述べる。上述したように，反応時間を数的処理するうえで，D_{IRAP}得点など，どのような手法を用いても問題はない。しかしながら，注意しておきたいのは，どの数的処理であったとしても，あくまで個人内において標準化した数値にすぎないということである。個人間での標準化ではないということに注意して，数値の解釈を実施する必要がある。

● IRAP得点の解釈

　D_{IRAP}得点は，Bブロックの反応時間から，Aブロックの反応時間を引き，AとBの両方のSDで除すという方法で算出される。そのため，D_{IRAP}得点が，0よりも有意に大きければ，BのルールよりもAのルールに沿った反応のほうが速いということを示している。また，0よりも有意に小さければ，AのルールよりもBのルールに沿った反応のほうが速いということを示している。これを架空のデータを利用して，グラフに表したものが，図2-10である。この架空データでは，ラベル刺激が花と虫であり，ターゲット刺激がポジティブ語（例：美しい），ネガティブ語（例：汚い）を想定している。さらに，Aブロックのルールは「日常での関係性に基づくように反応する」であり，Bブロックのルールは「日常の関係性とは逆の反応をする」である。図2-10の上部に，「はい」「いいえ」「いいえ」「はい」と示した。これは，各トライアルタイプにおいて，その選択肢を選択するのが速かったことを示している。しかしながら，図2-10に示すように，すべてがプラスの値で表示されると直感的に理解しにくいという問題が生じる。研究の内容にもよるが，ラベル刺激の種類に応じて，算出したD_{IRAP}得点にマイナス1をかけることで，直感的に

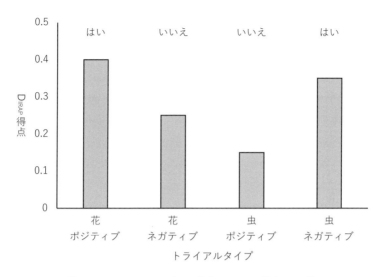

図2-10 トライアルタイプごとの D$_{IRAP}$ 得点の平均

図や値を理解しやすくなる。今回の場合，ラベル刺激が「虫」の D$_{IRAP}$ 得点に－1をかけた。その結果が，図2-11である。

　これから，各トライアルタイプの解釈を説明していく。最初に図2-11の一番左の棒グラフでは，花とポジティブ語の組み合わせが画面に表示された際，Aブロックにおいて「はい」を選択する反応が，Bブロックにおいて「いいえ」を選択する反応よりも速いことを示している。次に左から2つ目の棒グラフでは，花とネガティブ語が表示された際，Aブロックにおいて「いいえ」を選択する反応が，Bブロックにおいて「はい」を選択する反応よりも速いことを示している。左から3つ目の棒グラフでは，虫とポジティブ語が表示された際，Aブロックにおいて「いいえ」を選択する反応が，Bブロックにおいて「はい」を選択する反応よりも速いことを示している。最後に4つ目の棒グラフでは，虫とネガティブ語が表示された際，Aブロックにおいて「はい」を選択する反応が，Bブロックにおいて「いいえ」を選択する反応よりも速いことを示している。さらに，図2-11では，虫のラベル刺激の際，マイ

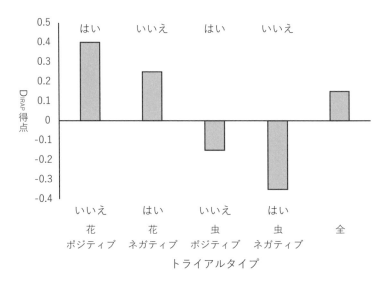

図2-11　トライアルタイプごとのD_{IRAP}得点の平均（マイナス処理後）

ナスの反応に変更したため，D_{IRAP}得点が，プラスであれば，そのラベル刺激はポジティブ語との関係性を構築していることを示し，マイナスであれば，そのラベル刺激はマイナス語と関係性を構築していることを示す。

　最後に，全D_{IRAP}得点について，解説する。図2-11の例のように，全D_{IRAP}得点が0よりも有意に大きい場合は，花はポジティブ語と関係していて，虫はネガティブ語と関係していることを示す。一方，全D_{IRAP}得点が0よりも有意に小さい場合，花はネガティブ語と関係していて，虫はポジティブ語と関係していることを示す。

●IRAPを用いた研究

　IRAPは当初，RFTを検討する測定法として開発された。しかし，近年では，RFTの検討だけでなく，臨床上の問題をIRAPで測定し，臨床上の問題とRFTとの関係を明確にしようとする研究も多くなされている。IRAPを用

いた研究では，検討する対象によって，使用するラベル刺激や，ターゲット刺激を選定する必要がある。ここでは，いくつか研究例をあげておくので，IRAPを使用する際のラベル刺激とターゲット刺激の選定の参考にしてもらいたい。まず，英語版のIRAPは，以下にあげる臨床上の問題にて使用されている。強迫傾向の測定（Nicholson et al., 2014），蜘蛛恐怖の測定（Nicholson, & Barnes-Holmes, 2012b），自己肯定感の測定（Vahey et al., 2009），うつの測定（Hussey, & Barnes-Holmes, 2012）に使用されている。

　また，日本語版のIRAPは，大月ほか（2013）によって，信頼性と妥当性を検討され，その後，以下に挙げる臨床上の問題において，使用されている。Kishita et al.（2014）では，日本人を対象に，スピーチ不安への介入の効果をIRAPを用いて検討している。古谷・竹内（2019）は，自尊感情の測定にIRAPを使用した検討を行っている。このように，IRAPの日本語版が検討され，その使用が広がりつつある。

コラム11　研究者紹介——ナンニ・プレスティ *(Nanni Presti)*

　ナンニは，2017年から2018年のACBSのプレジデントを務めていた，とても精力的な研究者－実践家です。彼は医師で，自閉症児や発達障害のある子どもたち，障害のある子どもをもつ保護者への支援にACTを提供しているだけでなく，ブライアン・ロッシュたちとともに知能を関係フレーム理論から分析する研究を行っています。とてもフレンドリーで礼儀正しく，イタリア人らしい陽気な人物です。ACBSのカンファレンスで出会うと満面の笑顔と温かいハグで迎えてくれます。私とは関心のある研究領域がとても近いため，いろいろなアイデアについて話し合うことがあります。

彼は，ACTを子どもに応用するために，とてもユニークな工夫をしています。ハリー・ポッターの登場人物（魔女や魔法使いを含めて）を使ってACTの6つのコアプロセスを説明したり，本のなかで使われている魔法を題材にしたエクササイズを作っています。　（谷 晋二）

●FASTの成り立ちについて

IRAPとは，また別のアプローチで，関係フレーム反応を捉えようとする測定法が，**Functional Acquisition Speed Test**（**FAST**）（O'Reilly et al., 2012）である。FASTの始まりは，Watt et al.（1991）における発見である。Watt et al.（1991）は，見本合わせ課題の実験において，社会的随伴性によって，刺激間の等価な関係性の構築が阻害されるという実験パラダイムを発見した。このパラダイムをもとに，研究がなされるようになった。人種差別（Dixon et al., 2006），ジェンダーアイデンティティ（Moxon, Keenan, & Hine, 1993）といった社会的なことから，不安傾向のある人が不快な状況とポジティブな形容詞との間に等価な刺激関係を構築できるか（Leslie et al., 1993）や，自身の名前とポジティブ語，ネガティブ語との間に等価な関係性を構築するか（Barnes et al., 1996）といった臨床的なことまで検討されるようになった。このように，質問紙では，調査しにくい事象も，Watt et al.（1991）のパラダイムを用いることで，その事象のプロセスを分析できるようになった。

しかしながら，このWatt et al.（1991）のパラダイムには問題があった。それは，見本合わせ課題では，参加者に実験の意図が推測され，データに影響するという点である（O'Reilly et al., 2012）。そこで，見本合わせ課題のように，複数の刺激を同時に呈示しない方法で，刺激間の関係性を測定する方法が開発された。それが，FASTである。

FASTもIRAPと同様，今までに構築された言語関係が，実験室内でどのような影響を及ぼしているかを測定することができる（Cartwrigth et al., 2016）。ただし，FASTとIRAPで異なるのは，IRAPは反応の正確さと反応の速度に注目しているのに対し，FASTは，刺激と刺激の関係性を構築するまでの反

応数や反応率に焦点を当てているという点である。FASTではWatt et al. (1991)のパラダイムを利用して，参加者の社会的随伴性によって構築された関係性を測定する。たとえば，「男性」と「支配的」を同じ刺激クラスだと判断する反応は形成されやすいが，「女性」と「支配的」を同じだと判断する反応の形成には時間がかかる。そのため，「男性」と「支配的」を等価だと判断する学習率は，「女性」と「支配的」を等価と判断する学習率よりも高くなる。このように，学習率の違いによって，個人のなかに形成されている関係性を明らかにする。

●FASTの構造

　FASTは，練習試行とテスト試行から構成されている。FASTの分析方法の違いにより，試行の構成や試行回数，教示が異なってくる。ここでは，最初に，FASTの分析方法により違いが生じない構造について説明する。まず，画面に表示される文字は，黒で48ポイントの大きさである。画面に文字が表示される時間は3秒で，キーを押したのち，フィードバックの文字（正解もしくは不正解）が赤で48ポイントの大きさで表示される。フィードバックの文字の表示時間は1.5秒である。画面に文字が表示されてから，3秒たっても反応がなかった場合は，不正解とする。以上の設定は，どのFASTにおいても共通である。

　まずは，O'Reilly et al.（2012）のFASTについて説明する（図2-12）。このFASTの構造は，ベースライン1，FASTブロック，ベースライン2という構造である。このときのFASTの分析では，連続で正解する基準を設定し（例：10試行連続正解），その基準に達するまでに何試行かかるかを分析するという方法を採用している。そのため，このFASTでは，以下のような教示が画面に表示される。「これから開始されるセクションでは，画面に言葉が表示されたら，どのボタンを押すかを学習してもらいます。重要：このフェーズでは，ZもしくはMのキーを押してください。キーボードの該当するキーの上に指を置いてください。このフェーズは，正解が続くようになるまで，継続

ベースライン1

FASTブロック

ブロック1　　A1とB1　　N1とN2

ブロック2　　A1とN1　　B1とN2

ベースライン2

図2-12　O'Reilly et al. (2012) のFASTの構造

されます。どちらのボタンを押せばよいかの手がかりとして，あなたの反応
が正解か不正解かを画面に表示します。何か質問があれば，今，この場で実
験者に質問してください。準備がよろしければ，どのキーでも構いませんの
で，キーを押してください。キーを押すと実験が開始されます」。

　教示が表示された後，ベースラインが開始される。ベースラインは，練習
効果がないかを確認するため，FASTブロックの前後で実施される。

　次に，FASTブロックについて説明する。FASTブロックにはブロック1と
ブロック2があり，ブロック1では，A1とB1，N1とN2の関係づけを学習さ
せ，ブロック2では，A1とN1，B1とN2の関係づけを学習させる。たとえ
ば，「男性」と「女性」，「男性らしさ」「女性らしさ」にどのような関係があ
るかを調べたいとしよう。その際，ブロック1では，Zのキーと「男性」「男
性らしさ」が結びつき，Mのキーと「女性」「女性らしさ」が結びつくこと
になる。つまり，参加者は，画面に「男性」もしくは「男性らしさ」を表す
単語が表示された場合，Zのキーを押せば正解となる。一方，「女性」もしく
は「女性らしさ」を表す単語が画面に表示されたら，Mのキーを押すと正解
となる。ブロック2では，Zのキーと「男性」「女性らしさ」が結びつき，M
のキーと「女性」「男性らしさ」が結びつくこととなる。そのため参加者は，
「男性」もしくは「女性らしさ」の単語が画面に表示されたら，Zのキーを押
せば正解となり，「女性」「男性らしさ」の単語が画面に表示されたら，Mの
キーを押すと正解となる。O'Reilly et al. (2012) のFASTでは，10試行連続

練習ブロック

テストブロック

- ブロック1　　A1とB1　　N1とN2
- ブロック2　　A1とN1　　B1とN2

図2-13　Cartwright et al.（2016）のFASTの構造

正解を基準とし，最大100試行までと設定している。このFASTでは，学習が達成される試行数が重要になるため，できるだけ多い試行数を設定する必要がある。また，参加者の学習の違いにより，参加者ごとに全体の実施試行数も異なってくる。

　次に，Cartwright et al.（2016）のFASTを説明する。このFASTでは，練習ブロックとテストブロックで構成されている（図2-13）。このFASTでは，スロープ関数を算出し，ブロックごとの学習率の違いを検討するという分析を実施している。そのため，教示もO'Reilly et al.（2012）のものとは少し異なり，「このフェーズは，正解が続くようになるまで，継続されます」という教示が省略される。Cartwright et al.（2016）のFASTでは，練習ブロックは16試行，テストブロックは各50試行で構成されている。練習ブロックでは，日常でもよく使用される単語が刺激として用いられ，FASTの実施方法の練習と確認が行われる。続くテストブロックは，O'Reilly et al.（2012）のFASTブロックとほぼ同様の手続きである。異なるのは，基準が設定されないため，参加者全員が50試行を経験するという点である。このFASTでは，学習率の違いを算出するため，学習が完了するまでの試行数を計測する必要がない。そのため，全員が同じ試行数を経験する。

　どちらのFASTであっても注意すべき点がある。それは，どの単語が画面に表示されたら，どのキーを押すかということは，一切教示されないということである。そのため，参加者はフィードバック（正解もしくは不正解）を手がかりとして，反応を形成していく必要がある。FASTでは反応を形成す

る際の学習速度の違いに焦点を当てているため，反応に関するルールを呈示しないことが重要となる。

●FASTのデータ処理と解釈

前述の通り，FASTの分析方法は，変化してきている。ここでは，2種類の分析方法について紹介する。ただし，まだ分析方法が確立しているわけではないので，研究の目的に応じて，分析方法を選択する必要がある。

最初に，O'Reilly et al.（2012）で使用された分析を紹介する。O'Reilly et al.（2012）では，ベースラインとFASTブロックの分析がなされている。まず，ベースラインの分析について説明する。ベースラインはテストブロックの前と後の2回測定がなされる。それぞれのベースラインにおいて，基準が達成されるまでの試行回数が記録され，その試行回数の差が検討される。もし，練習効果が認められれば，ベースライン2回目の試行回数が，1回目の試行回数より少ないという結果が予想される。一方で，1回目と2回目の試行回数に差がなければ，練習効果はないと解釈される。次に，FASTブロックの分析について説明する。FASTブロックでも同様に，ブロック1とブロック2の試行回数が記録され，ブロック1とブロック2の試行回数に差が認められるかを検討する。さらに，ブロック2の試行数からブロック1の試行数を引いて，差分を算出し，その差分をベースラインで基準に到達するまでにかかった試行数で除したStrength of Relation（SoR）を算出する。この値が，0よりも有意に大きければ，ブロック2で呈示した関係の学習よりも，ブロック1で呈示した関係の学習が早いことを示す。一方，SoRが，0よりも有意に小さければ，ブロック1で呈示した関係の学習よりも，ブロック2で呈示した関係の学習が早いことを示す。そのため，SoRの指標では，ワンサンプルの検定を用いた分析がなされる。

次に，Cartwright et al.（2016）のFASTの分析方法について説明する。このFASTでは，学習率が重要な指標となってくる。そのため，各ブロックにおいて，正解反応の累積記録を作成する（図2-14）。そして，スロープ関数を

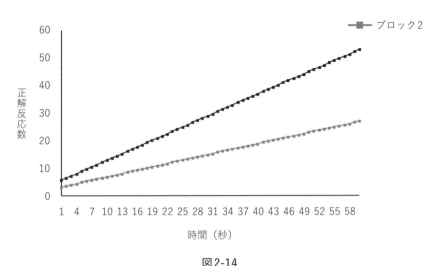

図2-14
Cartwright et al.（2016）のFASTの分析方法
時間ごとの正解反応数の累積グラフ（データは架空データ）

Excelで算出する。この関数の傾きは，学習率と一致する。そのため，傾きが強いと学習が早いことを示す。さらに，学習率の差分を，ブロック2の係数から，ブロック1の係数を引き，標準誤差で除して算出する。この学習率の差分がプラスであれば，ブロック1で呈示した関係の学習が早いことを示し，差分がマイナスであれば，ブロック2で呈示した関係の学習が早いことを示す。

　以上のように，FASTの分析は，まだ確定しておらず，2通りの分析方法が提案されている。研究でFASTを実施し，分析していく際には，研究の目的に応じて，分析方法を使い分ける必要がある。

●まとめ

ここでは，IRAPとFASTの成り立ちから，その構造，データの分析と解釈方法，および，IRAPを用いた研究までを概観した。IRAPもFASTもまだ発展段階の指標である。特にどちらの指標も英語を使用した検討はなされているが，日本語を用いた検討を行った研究は少ないのが現状である。特に，IRAPやFASTは言語を使用した測定法であることから，今後，言語の違いによる影響の検討は必要である。今後，IRAPやFASTを用いた研究が増加することを期待したい。

 コラム 12 **知能と関係フレーム理論**

　2019年のACBSの開催地はアイルランド，ダブリンでした。アイルランドには2016年から2017年の9月まで，National University of Ireland Galway（NUIG）に滞在していたので，2年ぶりのアイルランドはとても懐かしく思いました。学会中の1週間はアイルランドとは思えないほど快晴で，傘を使う機会が全くありませんでした。

　いつものように2日間のプレ・カンファレンス・ワークショップに参加しました。今年はブライアン，サラ・キャスディ，ナンニたちの知能を関係フレームで分析するという刺激的なワークショップです。ACTの技術を磨くためのワークショップというよりは，cutting-edgeなRFT研究を勉強するワークショップです。昨年のACBSでサラがinvited speechをしました。それはとてもエキサイティングなもので，日本に帰ってからサラやブライアンたちのラボの論文を読みはじめました。その後，サラたちのWSに参加することにしました。

　行動的な観点から言語と認知を分析するのがRFTです。RFTは文脈的行動科学（CBS）として発展し，より広い領域をカバーするようになっています。2019年のACBSでもヒューマニティ，エボリューションに関連するパネル，シンポジウム，plenaryが多く行われていました。

「知能」という言葉は曖昧な"bad word"だとブライアンは言い切りました。なるほど，行動分析学やRFTから考えると「知能」という言葉は曖昧で科学的ではありません。心理学や教育学を学んだ人にとって，「知能」という言葉を"bad word"だというのは大きな視点の変換でしょう。少なくとも私にとっては，大きなインパクトがありました。「知能」というと，特性論や因子論をすぐに思いついてしまいます。「知能」は知能検査で測定されるもので，生涯を通じて安定していて，環境によって変化をしないものだと私たちは学習しています。そういう教育も受けてきました。だから，「知能は，特性ではなく，生涯を通して変化するし，学習によって変化をする行動である」というのは，斬新なアイデアに思えます。ブライアンやサラたちは，それを多くの研究を参照しながら論証してきました。そして，複数の関係反応が知的な行動として現れているのであり，関係反応が正確に，そして流暢になると知的な行動は改善していくと考えたのです。

　そして，彼らのグループは，関係反応を正確に，そして流暢にすることで，実際に知能検査で測定されるような知的な行動が大きく改善することを示しました。複数の関係反応というのは，一致，差異，比較，時間，階層などの関係反応のことです。これらの関係反応をトレーニングするのですが，それには実際の生活とは無関係な，恣意的な刺激が使われています。たとえば，「XYP」などの無意味な綴りです。トレーニングでは，「XYPはQTDと同じです。QTDはPLWと同じです。XYPとPLWは？」という質問に「同じ」か「違う」かを答えます。このトレーニングはコンピューターで行われ，参加者は「同じ」か「違う」かをキーボードを使って，所定の時間内に答えていきます。この例は，「同じ」という関係反応をトレーニングしていますが，差異や比較，階層など，さまざまな関係反応が恣意的な刺激を使って訓練されます。訓練によって，関係反応づけがスムーズで正確なものになると，知能指数は大きく上昇することを，ブライアンたちは実証的に示しています。

ワークショップに参加してみて，彼らが意図していることがよくわかりました。これまでの応用行動分析（ABA）のトレーニング（スキナーの考え方に基づいています）と考え方の方向性が違うのです。ワークショップにはたくさんの行動分析士（Board Certified Behavior Analyst：BCBA）トレーナーが参加していました。半数以上の数でした。彼らにとっては不思議な納得のいかないものだったのではないでしょうか。そういう印象を受けました。これまでのABAトレーニングでは，日常的に役に立つ，実際の随伴性のなかで強化される行動を教えていくことが強調されていました。できるだけ日常の生活に近い環境のなかで，自然な強化子を使って，日常生活に役立つ行動を形成していくというストラテジーです。そうすることで汎用的なスキルが形成され，結果的に知的な行動の改善につながります。ロバースの研究や他の早期の集中的な療育訓練によって，知能指数の改善が見られるという知見が示されてきました。簡単に言うと，具体的な行動を積み重ねて教えることで（事物の名前や色，質問応答，その他の社会的な行動など），知的な行動の改善と日常生活での行動の般化的な改善が見込まれるということです。一方，ブライアンたちのストラテジーは全く異なっています。彼らは，最初から般化的な行動を形成しようとしているのです。正確には，すでに子どもが学習している般化的な関係反応スキルを正確で流暢なものにすることで，直接教えていないようなスキルの学習を促進させようとしています。ブライアンたちの研究では，関係反応を正確で流暢なものにしていくと，知的なスキルだけでなく，注意スキル（attention skills）や社会性に関連する行動も改善するということが示されています。

　つまり，知的な行動や社会的な行動，注意の中核には，関係反応があるのだから，最初からその関係反応を訓練するということです。

　伝統的なABAトレーニングだけでなく，通常発達をしている子どもたちへの教育を見ても，具体的な（恣意的ではない）刺激を使って指導が行われます。その指導によって，関係反応が正確に流暢になって

いくのでしょう。

　どちらのストラテジーが優れているかではなく，ブライアンたちが試みているのは，これまでにない新しいストラテジーで，彼らのデータはこの試みがとても大きな実りを教育にもたらすのではないかと期待されています。教育のあり方は，すっかり変わっていくのではないでしょうか。

（谷　晋二）

文献

APA Presidential Task Force on Evidence-Based Practice（2006）Evidence-based practice in psychology. American Psychologist 61-4 ; 271-285.

Barnes, D., Lawlor, H., Smeets, P.M., & Roche, B.（1996）Stimulus equivalence and academic self-concept among mildly mentally handicapped and nonhandicapped children. The Psychological Record 46 ; 87-107.

Barnes-Holmes, D., Barnes-Holmes, Y., Power, P., Hayden, E., Milne, R., & Stewart, I.（2006）Do you really know what you believe? : Developing the implicit relational assessment procedure（IRAP）as a direct measure of implicit beliefs. The Irish Psychologist 32 ; 169-177.

Barnes-Holmes, Y., Hussey, I., McEnteggart, C., Barnes-Holmes, D., & Foody, M.（2016）Scientific ambition : The relationship between relational frame theory and middle-level terms in acceptance and commitment therapy. In : R. Zettle, S.C. Hayes, D. Barnes-Holmes, & A. Bigland（Eds.）The Wiley Handbook of Contextual Behavioral Science. Wiley-Blackwell.

Barnes-Holmes, D., Murtagh, L., Barnes-Holmes, Y., & Stewart, I.（2010）Using the implicit association test and the implicit relational assessment procedure to measure attitudes toward meat and vegetables in vegetarians and meat-eaters. The Psychological Record 60 ; 287-306.

Bast, D.F., & Barnes-Holmes, D.（2015）Developing the Implicit Relational Assessment Procedure（IRAP）as a measure of self-forgiveness related to failing and succeeding behaviors. The Psychological Record 65-1 ; 189-201.

Baumeister, R.F., Campbell, J.D., Krueger, J.I., & Vohs, K.D.（2003）Does high self-esteem cause better performance, interpersonal success, happiness, or healthier lifestyles?. Psychological Science in the Public Interest 4 ; 1-44.

Biglan, A., & Hayes, S.C.（1996）Should the behavioral sciences become more pragmatic? : The case for functional contextualism in research on human behavior. Applied and Preventive Psychology : Current Scientific Perspectives 5 ; 47-57.

Blackledge, J.T. (2007) Disrupting verbal processes : Cognitive defusion in acceptance & commitment therapy & other mindfulness-based psychotherapies. Psychological Record 57-4 ; 555-576.

Cartwright, A., Roche, B., O'Reilly. A., & Stewart, I. (2016) Using modified Function Acquisition Speed Test (FAST) for assessing implicit gender stereotype. The Psychological Record 66 ; 223-233.

Dahl, J., Stewart, I., Kaplan, J., & Martell, C. (2014) ACT & RFT in Relationships : Helping Clients Deepen Intimacy and Maintain Commitments Using Acceptance and Commitment Therapy and Relational Frame Theory. New Harbinger Publications.

de Jong, P.J., Pasman, W., Kndt, M., & van den Hout, M.A. (2001) A reaction time paradigm to assess (implicit) complaint-specific dysfunctional beliefs. Behaviour Research and Therapy 39 ; 101-113.

Dixon, M.R., Rehfeldt, R.A., Zlomke, K.R., & Robinson, A. (2006) Exploring the development and dismantling of equivalence classes involving terrorist stimuli. The Psychological Record 56 ; 83-103.

Foody, M., Barnes-Holmes, Y., Barnes-Holmes, D., & Luciano, C. (2013) An empirical investigation of hierarchical versus distinction relations in a self-based ACT exercise. International Journal of Psychology and Psychological Therapy 13-3 ; 373-388.

Foody, M., Barnes-Holmes, Y., Barnes-Holmes, D., Rai, L., & Luciano, C. (2015) An empirical investigation of the role of self, hierarchy, and distinction in a common act exercise. Psychological Record 65-2 ; 231. doi: 10.1007/s40732-014-0103-2

古谷大樹・竹内康二 (2019) 言語関係の評価を通して測定した潜在的自尊感情——日本人大学生へのImplicit Relational Assessment Procedureによる検討. 感情心理学研究 26-2 ; 47-51.

Greenwald, A.G., & Banaji, M.R. (1995) Implicit social cognition : Attitudes, self-esteem, and stereotypes. Psychological Review 102 ; 4-27.

Greenwald, A.G., Banaji, M.R., Rudman, L.A., Farnham, D.S., Nosek, B.A., & Mellott, D.S (2002) A unified theory of implicit attitudes stereotypes, self-esteem, and self-concept. Psychological Review 109 ; 3-25.

Greenwald, A.G., McGhee, D.E., & Schwartz, J.L.K. (1998) Measuring individual differences in implicit cognition : The implicit association test. Journal of Personality and Social Psychology 74 ; 1464-1480.

Harris, R. (2009) ACT Made Simple : An Easy-to-read Primer on Acceptance and

Commitment Therapy. New Harbinger Publications.

Hayes, S.C., Barlow, D.H., & Nelson-Gray, R.（1999）The scientist Practitioner : Research and Accountability in the Age of Managed Care. 2nd Ed. Ally and Bacon.

Hayes, S.C., & Barnes D.（1997）Analyzing derived stimulus relations requires more than the concept of stimulus class. Journal of the Experimental Analysis of Behavior 68 ; 235-270.

Hayes, S.C., Barnes-Holmes, D., & Wilson, K.G.（2012）Contextual behavioral science : Creating a science more adequate to the challenge of the human condition. Journal of Contextual Behavioral Science 1-1 ; 1-16.

Hayes, S.C., Fox, E., Gifford, E.V., Wilson, K.G., Barnes-Holmes, D., & Healy, O.（2001）Derived relational responding as learned behavior. In : S.C. Hayes, D. Barnes-Holmes, & B. Roche（Eds.）2001. Relational Frame Theory : A Post-skinnerian Account of Human Language and Cognition. Kluwer Academic/Plenum Publishers, pp.21-49.

Hayes, S.C., Strosahl, K.D., & Wilson, K.G.（2012）Acceptance and Commitment Therapy : The Process and Practice of Mindful Change. Guilford Press.（武藤 崇・三田村仰・大月 友＝監訳（2014）アクセプタンス＆コミットメント・セラピー——マインドフルな変容のためのプロセスと実践（第2版）. 星和書店）

Hayes, S.C., Zettle, R.D., Barnes-Holmes, D., & Biglan, A.（2016）Examining the partially completed crossword puzzle : The nature and status of contextual behavioral science. In : R.D. Zettle, S.C. Hayes, D. Barnes-Holmes, & A. Biglan（Eds.）The Wiley Handbook of Contextual Behavioral Science. Wiley-Blackwell, pp.1-6.

彦島康美（2015）活発な話し合い活動を中核とした学級経営——子ども達の学力と自己肯定感の高まりを育むための指導法. 人間科学研究 28-1 ; 128.

Horne, P.J., & Lowe, C.E.（1996）On the origins of naming and other symbolic behavior. Journal of Experimental Analysis of Behavior 65 ; 185-241.

Hussey, I., & Barnes-Holmes, D.（2012）The implicit relational assessment procedure as a measure of implicit depression and the role of psychological flexibility. Cognitive and Behavioral Practice 19 ; 573-582.

Hussey, I., Thompson, M., McEnteggart, C., Barnes-Holmes, D., & Barnes-Holmes, Y.（2015）Interpreting and inverting with less cursing : A guide to interpreting IRAP data. Journal of Contextual Behavioral Science 4 ; 157-162.

伊藤正哉・小玉正博（2005）自分らしくある感覚（本来感）と自尊感情がwell-beingに及ぼす影響の検討. 教育心理学研究 53-1 ; 74-85.

Jablonka, E., & Lamb, M.J.（2005）Evolution in Four Dimensions : Genetic, Epigenetic,

Behavioral, and Symbolic Variation in the History of Life. MIT Press.

香川順子（2005）女子大学生を対象とした自己発見支援プログラムの開発と評価——初年次教育の視点から．日本教育工学会論文誌 28；233-236. doi: 10.15077/jjet. KJ00003730710

Kashdan, T.B., & Rottenberg, J.（2010）Psychological flexibility as a fundamental aspect of health. Clinical Psychology Review 30-7；865-878.

Kernis, M.H.（2003）Toward a conceptualization of optimal self-esteem. Psychological Inquiry 14-1；1.

Kishita, N., Muto, T., Ohtsuki, T., & Barnes-Holmes, D.（2014）Measuring the effect of cognitive defusion using the implicit relational assessment procedure : An experimental analysis with a highly socially anxious sample. Journal of Contextual Behavioral Science 3；8-15.

Lesile, J.C., Tierney, K., Robison, C.P., Keenan, M., Watt, A., & Barnes, D.（1993）Differencese between clinically anxious and non-anxious subjects in a stimulus equivalence training task involving threat words. The Psychological Record 43；153-161.

Luciano, C., Ruiz, F.J., Torres, R.M.V., Martín, V.S., Martínez, O.G., & López, J.C.L.（2011）A relational frame analysis of defusion interactions in acceptance and commitment therapy : A preliminary and quasi-experimental study with at-risk adolescents. International Journal of Psychology and Psychological Therapy 11-2；165-182.

Masuda, A., Price, M., Anderson, P.L., Schmertz, S.K., & Calamaras, M.R.（2009）The role of psychological flexibility in mental health stigma and psychological distress for the stigmatizer. Journal of Social and Clinical Psychology 28-10；1244-1262.

Masuda, A., Price, M., Anderson, P.L., & Wendell, J.W.（2010）Disordered eating-related cognition and psychological flexibility as predictors of psychological health among college students. Behavior Modification 34-1；3-15.

McHugh, L., & Stewart, I.（2012）The Self and Perspective Taking : Contributions and Applications from Modern Behavioral Science. New Harbinger Publications.

三田村仰（2015）アクセプタンス＆コミットメント・セラピー（ACT）——システムを揺さぶるテクノロジー．精神科治療学 30-1；123-127.

三田村仰・武藤 崇（2012）我が国における「エビデンスに基づく心理学的実践」の普及に向けて——アクセプタンス＆コミットメント・セラピー（ACT）のセラピストをどのように養成していくべきか．心理臨床科学 2；57-68.

Moxon, P.D., Keenan, M., & Hine, L.（1993）Gender-role stereotyping and stimulus equivalence. The Psychological Record 43；381-394.

Muto, T., Hayes, S.C., & Jeffcoat, T.（2011）The effectiveness of acceptance and commitment therapy bibliotherapy for enhancing the psychological health of Japanese college students living abroad. Behavior Therapy 42-2；323-335.

Nicolson, E., & Barnes-Holmes, D.（2012a）Developing an implicit measure of disgust propensity and disgust sensitivity：Examining the role of implicit disgust propensity and sensitivity in obsessive-compulsive tendencies. Journal of Behavior Therapy and Experimental Psychiatry 43；922-930.

Nicholson, E., & Barnes-Holmes, D.（2012b）The Implicit Relational Assessment Procedure（IRAP）as a measure of spider fear. The Psychological Record 62；263-278.

Nicholson, E., Dempsey, K., & Barnes-Holmes, D.（2014）The role of responsibility and threar appraisals in contamination fear and obsessive-compulsive tendencies at the implicit level. Journal of Contextual Behavioral Science, 3, 31-37.

日本行動分析学会＝編（2001）ことばと行動．ブレーン出版．

小野浩一（2005）行動の基礎．培風館．

O'Reilly, A., Roche, B., Ruiz, M., Tyndall, I., & Gavin, A.（2012）The Function Acquisition Speed Test（FAST）：A Behavior analytic implicit test for assessing stimulus relations. The Psychological Record 62；507-528.

小塩真司（1998）青年の自己愛傾向と自尊感情，友人関係のあり方との関連．教育心理学研究 46-3；280-290. doi: 10.5926/jjep1953.46.3_280

大月 友・木下奈緒子・久保絢子・嶋田洋徳（2013）Implicit relational assessment procedure（IRAP）の信頼性と妥当性の検討――言語関係と心理的柔軟性の測定．行動療法研究 39；99-110.

Rosenberg, M.（1965）Society and the Adolescent Self-image. Prinston University Press.

佐久間路子・無藤 隆（2003）大学生における関係的自己の可変性と自尊感情との関連．教育心理学研究 51-1；33-42. doi: 10.5926/jjep1953.51.1_33

Sidman, M.（1994）Equivalence Relations and Behavior：A Research Story. Authors Cooperative, Inc.

Skinner, B.F.（1957）Verbal Behavior. Prentice-Hall, Inc.

Skinner, B.F.（1981）Selection by consequences. Science 213（4507）；501-504.

Stewart, I.（2013）A recent behaviour analytic approach to the self. European Journal of Behavior Analysis 14-2；271-283.

Stewart, I., Barnes-Holmes, D., & Roche, B.（2004）A functional-analytic model of analogy using the relational evaluation procedure. The Psychological Record 54；531-552.

高橋あつ子.（2002）自己肯定感促進のための実験授業が自己意識の変化に及ぼす効果.
教育心理学研究 50-1 ; 103-112. doi: 10.5926/jjep1953.50.1_103

高垣忠一郎（2009）私の心理臨床実践と「自己肯定感」. 立命館産業社会論集 75 ;
3-11.

谷 晋二（2012）はじめはみんな話せない――行動分析学と障がい児の言語指導. 金剛
出版.

Törneke, N.（2010）Learning RFT : An Introduction to Relational Frame Theory and Its
Clinical Application. New Harbinger Publications.

Törneke, N.（2017）Metaphor in Practice : A Professional Guide to Using the Science of
Language in Psychotherapy. Context Press.

Vahey, N.A., Barnes-Holmes, D., Barnes-Holmes, Y., & Stewart, I.（2009）A first test of
the Implicit Relational Assessment Procedure（IRAP）as a measure of self-esteem :
Irish prisoner groups and university students. The Psychological Record 59 ; 371-388.

Valiente, C., Cantero, D., Vázquez, C., Sanchez, Á., Provencio, M., & Espinosa, R.
（2011）Implicit and explicit self-esteem discrepancies in paranoia and depression.
Journal of Abnormal Psychology 120-3 ; 691.

Villatte, M., Hayes, S.C., & Villatte, J.L.（2015）Mastering the Clinical Conversation :
Language as Intervention. Guilford Publications.

Watt, A., Keenan, M., Barnes, D, & Cairns E.（1991）Social categorization and stimulus
equivalence. The Psychological Record 41 ; 33-50.

Wilson, D.S.（2007）Evolution for Everyone. Bantam.

Wilson, D.S., & Hayes, S.C.（2018）Evolution and Contextual Behavioral Science : An
Integrated Framework for Understanding, Predicting, and Influencing Human
Behavior. Context Press.

Wilson, K.G.（2016）Contextual behavioral science : Holding terms lightly. In : R. Zettle,
S.C. Hayes, D. Barnes-Holmes, & A. Bigland（Eds.）The Wiley Handbook of Contex-
tual Behavioral Science. Wiley-Blackwell, pp.62-80.

Zettle, R.D., Hayes, S.C., Barnes-Holmes, D., & Biglan, A.（2016）The Wiley Handbook
of Contextual Behavioral Science. Wiley-Blackwell.

第**3**章

アクセプタンス＆
コミットメント・セラピーと
関係フレーム理論

アクセプタンス&コミットメント・セラピー（ACT）
大月 友

このセクションの学習目標

❶アクセプタンス&コミットメント・セラピーの定義について説明できる。

❷心理的柔軟性モデルについて説明できる。

　ACTは関係フレーム理論をベースにして開発された認知行動療法（Cognitive and Behavioral Therapies：CBT）である。ACTで用いられる特有の言葉（たとえば，脱フュージョン，アクセプタンス，価値など）は，わかりやすく実践的であるが，実験的な検証をしていく厳密性を欠いている。本章ではACTの6つのコアプロセスについて学び，それらが関係フレーム理論（RFT）とどのように関係しているのかを学んでいく。

●ACTとは何か？

　ACTは，アクセプタンス&コミットメント・セラピー（Acceptance & Commitment Therapy）の略で，「エーシーティー」ではなく「アクト」と発音する。行動分析学や関係フレーム理論を基盤とした心理療法であり，認知行動療法の一種に位置づけられている。もともとはメンタルヘルス上の問題を抱えた方々への心理療法として生まれた対人援助のアプローチではあるが，近年ではその枠組みを超え，メンタルヘルスに対する予防的アプローチから個人や組織のパフォーマンス，ウェルビーイング（より良く生きること）の向上を目指した開発的アプローチ，さらには，コーチングやスポーツなどの分野にも活用されている。そのため最近では，心理療法以外の文脈において，

アクセプタンス&コミットメント・トレーニング（Acceptance & Commitment Training）として紹介されることも増えてきている。どちらも略してACTと呼ばれる。セラピーであってもトレーニングであっても，後に説明する心理的柔軟性モデルに基づいた対人援助アプローチであるため，本章では区別せずにACTとして説明をしていく。

　ACTの定義は実はかなり広い。ACTのバイブルとも言えるヘイズほか（2014）では，以下のように定義されている。

　　ACTとは，アクセプタンスとマインドフルネスのプロセス，そしてコミットメントと行動活性化のプロセスを用いて，心理的柔軟性を生み出す。ACTは，人間の言語と認知をよりよい文脈制御のもとへ引き入れることで，マインドの問題解決モードにあまりにも頼りすぎることから起きてくるレパートリーの搾取効果を克服しようとし，また，人生に対する，よりオープンで，集中して，従事したアプローチを促そうとする。ACTのアプローチは，人間の適応と苦しみを機能的文脈主義の観点に基づいて捉えるもので，関係フレーム理論によって拡張された行動の原理から引き出される。ACTは，科学に基づいた種々の技法を含んではいるものの，それはただの技術の集合ではない。機能的な定義に基づくなら，心理的柔軟性を確実に生み出すものであれば，ACTは何の技法で構成されていてもかまわない。また理論的にいうならば，ここで解説した心理的柔軟性モデルに基づいている限り，用いる人がそう呼ぶと決めたなら，どんな方法でも「ACT」と呼ばれてもかまわないものなのである。

（ヘイズほか，2014，p.156）

　つまり，心理的柔軟性モデルに基づきながら，心理的柔軟性を生み出すためのアプローチであれば，どんな形態でも，どんなやり方であっても，用いる人がそう呼ぶならそれはACTなのである。そのため，ACTを知るためには，まず心理的柔軟性モデルを理解することが必要になる。

　ACTでは，人間の機能と適応に関する統合的なモデルとして，心理的柔軟性モデルを採用している。この統合モデルは，高度で専門的な理論や知見との整合性を保ちながら，人間の心理・行動的な現象を幅広くカバーし，その複雑性にも対応できるようなプロセス全体を包括している。そして何より対人援助（臨床）で役立つものである必要がある。ACTでは，行動分析学やRFTによって得られた，人間のメンタルヘルスやパフォーマンスに関する基礎的な知見をもとに，心理的柔軟性モデルを構築している。図3-1は，心理的柔軟性モデルを表したものである。このモデルは6つのコアプロセスで構成されており，左側が心理的健康のモデル（心理的柔軟性），右側が精神病理のモデル（心理的非柔軟性）となっている。それぞれの頂点は対応し合っており，表と裏の関係になっている。モデルの形状（6角形：hexagon）と心理的柔軟性（psychological flexibility）への着目から，「**ヘキサフレックス（hexaflex）**」とも呼ばれている。

　ACTでは，心理的な健康を支える**心理的柔軟性**を，「意識ある人間として，全面的に，不必要な防衛がない状態で『今，この瞬間』と，それが何と言われるかということではなく，あるがままのものとして接触しながら，自らが選んだ価値のために，行動を維持または変化させていくこと」と定義している（ヘイズほか，2014，p.155）。心理的柔軟性は，"**アクセプタンス**""**脱フュージョン**""**「今この瞬間」への柔軟な注意**""**文脈としての自己**""**価値**""**コミットされた行為**"という6つのコアプロセスから構成されている。一方，心理的に不健康で精神病理のモデルとなる心理的非柔軟性は，心理的柔軟性の6つのコアプロセスと対応する形で，"**体験の回避**""**認知的フュージョン**""**非柔軟な注意**""**概念としての自己に対する執着**""**価値の混乱**""**行為の欠如，衝動性，回避の持続**"という6つのコアプロセスで構成されている。この心理的柔軟性モデルは，ACTにおいてトリートメント・モデルになっており，心理的柔軟性の状態が促進されるように支援が展開されていく。

　ここで，心理的柔軟性モデルを採用するうえでの注意を述べておきたい。

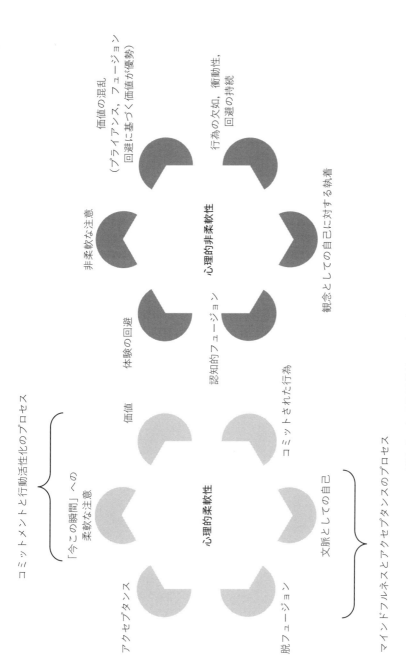

コミットメントと行動活性化のプロセス

価値の混乱
（コンプライアンス、フュージョン）
回避に基づく価値が優勢）

行為の欠如、衝動性、
回避の持続

非柔軟な注意

心理的非柔軟性

観念としての自己に対する執着

体験の回避

認知的フュージョン

「今この瞬間」への
柔軟な注意

価値

心理的柔軟性

コミットされた行為

アクセプタンス

文脈としての自己

脱フュージョン

マインドフルネスとアクセプタンスのプロセス

図3-1 心理的柔軟性モデル（ヘキサフレックス）

それは，心理的柔軟性にしろ心理的非柔軟性にしろ，それがその人の心のなかに実体として存在しているわけではないということである。われわれは心について考える際，つい構造的に何らかの実体を想定してしまいがちだが（たとえば，"性格"など），心理的柔軟性も心理的非柔軟性も，それぞれの6つのコアプロセスで表現されるような行動パターンが，どの程度表出しているかを表すための説明概念にすぎない。そのため，ACTにおいて心理的柔軟性を高めることは，それらに関連する行動を増やすことと同義である。このような，本来実在しないものをあたかも実在するかのように捉えやすいことに注意を呼びかける意味を込めて，図3-1は武藤（2010, 2013）をもとに，錯視を使って6角形を表している。

●オープンな（open）スタイル

心理的柔軟性モデルでは，心理的柔軟性は6つのコアプロセスから構成された，3つの反応スタイルが1つになることで生まれると考えている（図3-2）。それぞれの反応スタイルに関して，紹介していく。

まず，**オープンな（open）スタイル**は，"アクセプタンス"と"脱フュージョン"という心理的柔軟性の2つのコアプロセスから構成される。そして，それを阻む心理的非柔軟性のコアプロセスが，それぞれ"体験の回避"と"認知的フュージョン"である。特に，心理的柔軟性モデルにおいて，体験の回避と認知的フュージョンは，精神病理の中核として位置づけられている。まず，体験の回避とは，本人にとって不快な私的事象（思考や感情，身体感覚など本人にしか観察できない行動）との接触を拒み，差し迫った必要性がないにもかかわらず，これらの体験を弱めたり，なくそうとしたりする試みである。そのなかには，生じている不快な私的事象を抑制・除去・コントロールしようとする試みや，不快な私的事象が生じる可能性のある状況や場面をあらかじめ避けようとする試みがある。ただし，不快な私的事象をなくそうとする試みが，すべて精神病理につながるということではない。自らが人生で大切にしたいことに向かおうとし，その過程で不快な私的事象に遭遇せざ

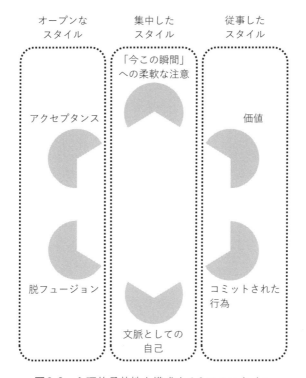

オープンな　　　集中した　　　従事した
スタイル　　　　スタイル　　　　スタイル

「今この瞬間」
への柔軟な注意

アクセプタンス　　　　　　　　　　　　　　価値

脱フュージョン　　　　　　　　　　　コミットされた
　　　　　　　　　　　　　　　　　　行為

文脈としての
自己

図3-2　心理的柔軟性を構成する3つのスタイル

るをえない場合に，体験の回避を続けてしまうことが問題となる。このような体験の回避が過剰に行われている状態では，多くの時間で自らの内側の苦痛と葛藤している状態が続き，その人にとって大切な外的な環境との相互作用が生じなくなってしまう。次いで，人生で大切にしたいことに目が向かなくなり，充実した生活にするための行動レパートリーが著しく制限され，結果として本人のQOL（quality of life）が低下することになる。そのため，心理的柔軟性モデルの観点からは，不快な私的事象そのものが人生において問題なのではなく，実は，それをコントロールしようとする体験の回避こそが問題であると捉えられる。

このような体験の回避を助長するコアプロセスの代表が認知的フュージョンである。認知的フュージョンとは，自らの思考と実際の現実とを混同し，環境内の刺激や情報よりも思考が優位になって，行動が制御されている状態を導くプロセスである。つまり，考え（ことば）を真に受け，鵜呑みにし，字義通りに反応してしまうことと言える。認知的フュージョン自体は，人間にとって正常なプロセスであるものの，大切なことをしようとする際に生じる心配や不安，あるいは，実行してしまったことに対する評価や後悔など，その人のなかで生じた考えに没入しすぎて身動きが取れなくなることが問題となる。このような認知的フュージョンが強まっている状態では，人生を進むための一歩を踏み出しにくくなり，体験の回避が強まっていく。

　この認知的フュージョンから脱するために必要なスキルが，脱フュージョンである。脱フュージョンとは，自らの思考をただの思考としてそのまま捉え，流れゆくプロセスとしてただ体験（観察）することと言える。人間は，頭のなかで浮かんでくる思考をコントロールすることはできず，過去の経験や自分が置かれた状況によって，ある種，自動的に思考が生じてしまう。あまりに自動的であるため，評価や判断，予想といった思考を通して世の中を見ていることに気づかないことが多い。たとえるなら，色メガネをつけながら世界を見ることに慣れすぎて，色メガネをつけていることすら忘れてしまっている状態である。これに対して，脱フュージョンは，色メガネを一旦外して，色メガネそのものを見ることと言える。思考を俯瞰できるようになれば，思考に巻き込まれずに，思考は思考として，自分は今この瞬間に留まることが可能になる。

　認知的フュージョンは体験の回避を助長するプロセスとなるため，脱フュージョンが可能になれば体験の回避は減る可能性がある。その際，心理的健康に重要になってくるコアプロセスが，アクセプタンスである。アクセプタンスとは，その瞬間ごとに体験する事柄に対して意図的に，オープンで，受容的で，柔軟で，批判的ではない姿勢を取ることである。そしてそれは，不快な私的事象やそれを伴うであろう出来事に対して，接触を可能にしたり維持したりすることを可能にするような，自発的な選択（ウィリングネス）が伴

うものとなる。自分の人生を前に進めるうえで，そこに避けられない痛みがあるのであれば，それをコントロールしようとせず，両手を広げながら体験して進もうとすること，それがアクセプタンスと言えよう。このようにオープンなスタイルは，アクセプタンスと脱フュージョンのスキルによって築き上げられる。脱フュージョンによって，不快な私的事象や体験に不必要に没入するのをやめ，俯瞰的にそれらを捉えることで，単に進行中の精神的な活動として眺められるようになる。そして，アクセプタンスによって，そのとき体験していることに関心をもちながら，より全面的に踏み込み，そこから学び，それによって豊かな体験が起こるための場を作れるようにする。

●従事した（engaged）スタイル

オープンなスタイルが自分の人生を前に進める際の抵抗やバリアを減じる役目を果たすのに対して，**従事した（engaged）スタイル**は，前に進むための推進力を与えるものである。これは，"価値"と"コミットされた行為"という心理的柔軟性の2つのコアプロセスから構成される。そして，それを阻む心理的非柔軟性のコアプロセスが，"価値の混乱"と"行為の欠如，衝動性，回避の持続"である。

ウェルビーイングに向かって，自らの人生をより良くするためには，どのような方向に進むことが自分にとって大切であるかを理解（言語化）しておくことが有用である。人生の指針のような方向性を示すもの，それがACTにおける価値である。ACTにおいて，「価値とは，自由に選ばれるものであり，進行中で，動的で，徐々に発展していく活動パターンがもたらす言語的に構築された結果である。そして，それは，価値づけられた活動パターンに従事すること自体に本質的に備わっている，その活動に対する優勢な強化子を確立するものである」（Wilson, 2009, p.66）と定義されている。この価値の重要な特徴として，ゴールや目標とは異なり，決して達成されることはないという点が挙げられる。たとえば，"大学を卒業する"ことは，ゴールや目標ではあるが価値ではない。価値とは，ゴールや目標に対して，それが自分の人

生にとってどういう意味があるのか，何のためにそれをするのかという側面に焦点を当てたものと言える。同じ"大学を卒業する"というゴールであっても，その目的や意味は人によってさまざまなはずである。ある人にとっては"自分自身が成長するため"かもしれないし，またある人にとっては"社会で役立つため"かもしれない。このように価値は，その人のなかで自由に選択されるものであり，そして，生涯を通して行動を継続的にガイドするものである。ただ，どれだけ価値が明確になっていても，実際にその方向に沿って歩みを進めていかなければ，充実した人生にはつながらない。そのために必要なプロセスが，コミットされた行為である。コミットされた行為とは，価値に基づき，動機づけられながら，より効果的な行動パターンを取ることである。そのためには，価値によって方向性を確認し，その道程のなかにゴールを設定し，ゴールを達成するために必要な具体的な行為を確認する必要がある。この価値とコミットされた行為という2つのコアプロセスによって示される従事したスタイルは，心理的健康を保ちながら人生を前に進めていくうえで重要なポイントとなる。

　一方で，コミットされた行為に取り組むことには，心理的な苦痛を伴う場合も多い。そのとき，コミットされた行為が生活のなかで示されず，回避しつづけてしまったり，価値に向かうのではなく，衝動的にその場しのぎで行動してしまったりすると，心理的非柔軟性に陥ってしまう。また，自分の価値に十分接触することができず，価値の混乱が生じている状態では，ウェルビーイングにつながるようなコミットされた行為を設定することが困難になってしまう。価値の混乱は，誰かにそれが大切と言われたから，こうすべきであるから，これ以上傷つかないようにと，自分自身で自由に選択（言語化）できていない状態と言える。

●集中した（centered）スタイル

　オープンなスタイルと従事したスタイルは，心理的柔軟性を構成するうえで重要な2つの翼であるが，それらを支え促進させるのが，ヘキサフレックス

の中央に位置する，**集中した（centered）スタイル**である。これは，"「今この瞬間」への柔軟な注意"と"文脈としての自己"という心理的柔軟性の2つのコアプロセスから構成される。そして，それを阻む心理的非柔軟性のコアプロセスが，"非柔軟な注意"と"概念としての自己に対する執着"である。

　人生に対してオープンで深く従事した姿勢でいるためには，「心ここにあらず」の状態では不可能である。頭のなかの思考に巻き込まれ，感情の渦にはまっているとき，ほとんどそれは目の前で展開されている刺激状況とは無関係であり，自分のなかの狭い世界に閉ざされている状態である。「今この瞬間」に起きている反応，あるいは外界の刺激に対して，柔軟に注意を向けることはできない（非柔軟な注意）。これに対して，「今ここ」で絶え間なく起きている反応や刺激の流れに意識的に接触しながら，「今この瞬間」への柔軟な注意が向けられている状態であれば，思考に巻き込まれず，感情と距離を取りながら，その場に踏みとどまることが可能になる。すると，不快な私的事象そのものへの気づき，それが自分の行動を限定しようとしていること（体験の回避）への気づきがもたらされ，そのような悪循環にはまるのではなく，価値に沿った行動に踏み出すことを選ぶ余地が生まれてくる。

　さらに，"文脈としての自己"と呼ばれる，普段は意識しづらい自己に関する体験のありようが，オープンで従事したスタイルを支える。文脈としての自己とは，思考や感情などさまざまな私的事象が生じる「場としての自分」，あるいは，それらの私的事象を観察している「視点としての自分」という，自己の体験のありようと言える。ある種の超越的な感覚を伴うもので，意識的に考えても捉えられない体験のありようとも言える。なぜなら，人は意識的に考えると，その考えの「内容（content）」が自己の体験のメインになってしまい，それが生じている場であったり，それを眺めている視点といった，「文脈（context）」を感じ取れなくなってしまうからである。普段の生活のなかで，われわれは外界や自分自身に対してつねに何かを感じ，考えており，それは絶え間ない体験のプロセスである。このような体験は，つねに何らかの内容を有するものであり，変化しつづける。このような自己を，ACTでは"プロセスとしての自己"と呼んでいる。「今この瞬間」に浮かんでいる考え

や感覚は，10秒前のそれとは異なるし，昨日や1年前のそれとも異なる。プロセスとして自己はつねに変化しつづけるのにもかかわらず，どの時点でもそれを体験していたのは自分であり，時間的なつながりや存在としての一貫性を感じることができる。これは，普段は意識していないものの，われわれのなかに文脈としての自己が存在しているからだと言える。一方で，"概念としての自己"に対する執着は，心理的非柔軟性を強めるコアプロセスである。概念としての自己とは，自己に対する固定的な言語的な記述（「わたしは～である」など）であり，それに対する執着は，自らの可能性を狭め，行動レパートリーを限定させてしまう。

● 再びACTとは何か？

ここまで心理的柔軟性モデルを解説してきた。心理的柔軟性も心理的非柔軟性も，それらを構成する6つのコアプロセスは，それぞれ独立しているものではなく，相互に影響を与え合っている。これをトリートメントモデルとして採用して，心理的柔軟性を高めるために実践する手法がACTである。ACTは，変えられないものを受け容れるオープンなスタイルを，変えるべきものを変える従事したスタイルを，そして，変えられないものと変えるべきものを見分ける集中したスタイルを，バランスよく手にするためのアプローチと言える。また，ACTは自分自身が発する言葉や考え（これをマインドと呼んでいる）との，新しい付き合い方を身につける手法とも言える。なぜなら，オープンなスタイルでは人生に対する言葉のネガティブな作用を減じ，従事したスタイルではポジティブな作用を高め，集中したスタイルによって切り替えを可能にするからである。言葉の作用との新しい付き合い方を言葉で検討するだけでは，認知的フュージョンを強めることにつながり，かえって言語や思考にがんじがらめになる危険性がある。そのため，体験的なエクササイズがACTの介入では多く用いられる。また，被援助者の感覚的な理解をより引き出すために，メタファーが多く用いられるのもACTの特徴と言える。

モデルを使うことのメリットとデメリット

　科学者−実践家モデルに基づく対人援助を行うために，援助者は非援助者が抱える問題や困難に対して，高度で専門的な知識や技術をもとに理解し，支援を展開することが必要になります。一方で，心理学という大きな学術領域のなかでは，さまざまな専門的な理論がそれぞれ発展していて，一人の援助者がいくつもの理論に精通することや，特定の理論の真髄を十分に理解することは，残念ながら現実的に難しいところがあります。そのため，できるだけ多くの援助者が行動分析学やRFTの恩恵を受けられるように，人間のメンタルヘルスやその援助に関して高度な専門用語で理論的に説明するのではなく，感覚的に理解しやすいミドルレベル・タームを用いた使いやすいモデルが開発されています。それが心理的柔軟性モデルであり，ACTです。これによって，多くの援助者にとって，ユーザビリティが高まるというメリットを生み出しています。一方でそれは，デメリットも生みます。それは，モデルのみを使う援助者は，モデルを超えた自由で工夫に富んだ柔軟性の高い援助ができないという点です。つまり，ユーザビリティと自由度はトレードオフの関係なのです。さらに，ACTを実践するだけでは，モデル自体の科学的発展，あるいは，行動分析学やRFTの理論的発展にはつながらないというデメリットもあります。そのため，機能的文脈主義という哲学，行動分析学やRFTという理論的基盤，心理的柔軟性というモデル，さらに，ACTの手法といった，それぞれの層を有機的に連携させながら，全体を前進させる体系（コミュニティ）が必要になります。それが，文脈的行動科学なのです（詳細は第2章「文脈的行動科学」セクション参照）。そのゴールは，人間に備わった困難によりふさわしい心理学の実践方法を開発することにあります。

（大月　友）

関係フレーム理論とACT
大月 友

このセクションの学習目標

❶心理的柔軟性モデルを，RFTの用語を使って説明できる。

❷ACTの発展において，RFTの果たす役割を説明することができる。

●心理的柔軟性モデルを関係フレーム理論（RFT）から考える

　心理的柔軟性モデルやACTは，人間の心理的健康と精神病理に対するRFTや行動分析学からのアプローチを基盤にしている。ただし，ユーザビリティを高めるために，高度な専門用語を用いずに，ミドルレベル・タームを用いてモデル化されているのが特徴である。前節ではミドルレベル・タームでの説明を行ってきたが，本節では主にRFTの観点から説明していく。いわば本節は，舞台裏の公開，あるいは，オープンソースの解説のような役割を担っている。とはいえ，可能な限りわかりやすくするために，前節の3つのスタイルに沿いながら解説を試みる。またその際，RFTや行動分析学の専門用語は**ゴシック体**で示すことで，初学者が学びやすいよう工夫する。なお，紙幅の都合でRFTやルール支配行動の詳細な説明はできないので，本書第2章や章末に示した参考図書を参照しながら読み進めてほしい。

●オープンなスタイルをRFTから考える

オープンなスタイルを阻む心理的非柔軟性のコアプロセスは，体験の回避と認知的フュージョンである。まず，体験の回避には，不快な**私的事象**をコントロールしようとすることを促す**オーギュメンティング**としての**ルール支配行動**が関係している。われわれは幼い頃から，行動する際にそれを阻む問題があれば，それを解決することを学習してきた。たとえば，勉強する際に部屋が暗ければ，電気を点けてから勉強する。暗いという問題に対して，電気を点けるという解決を行うのである。それでは，勉強しようにもやる気が起きないときはどうすればよいか。同じような問題解決を試みるのであれば，やる気がないのが問題であり，それを解決することが必要になる。このように，われわれはある種の不快な**私的事象**が存在し，それによって行動を生起させにくいと感じるとき，それがなくならないと（解決しないと）行動できないという**ルール**を発展させていく。そして，これが**オーギュメンタル**として機能すると，不快な**私的事象**に対するコントロールが優勢となってしまう（体験の回避）。外的な問題を解決することは比較的容易に行うことができるものの，それを内的な問題に対して行おうとするとうまくいかない。それは，そもそも**私的事象**のコントロールが難しいからである。たとえば，コントロールの対象が情動であった場合，それは**レスポンデント反応**として環境内の刺激から**誘発**されたものであり，意図的なコントロールは難しい。また，コントロールの対象が思考であった場合，われわれの**関係フレームづけ**は，その場の刺激状況や**文脈**によって，過去の**学習歴**と一貫する反応が**喚起**される。つまり，われわれは，特定の思考の内容を考えようとして考えているわけではなく，過去の学習が反映される形で考えてしまっているのである。そのため，思考そのものもコントロールすることは難しい。それにもかかわらず，社会的な**文脈**のなかで，感情や思考などの**私的事象**は行動の原因として扱われることが多く，そのコントロールを求められることが多々あるために，上記の**オーギュメンタル**は**強化**されてしまう。

さらに，**関係フレームづけ**によって，われわれは目の前に嫌悪的な刺激が

存在しなくとも，考えるだけで心理的苦痛と接触してしまう。これには，**関係フレームづけ**における，**派生的刺激関係**や**刺激機能の変換**が関係している。そのため，不快な**私的事象**を抱えることは自然の摂理であり，もはや避けようのない現実でもある。このような状況下で**オーギュメンティング**として**回避行動**に従事した場合，それは終わりのない戦いに発展してしまう。また，このような不快な**私的事象**からの**回避行動**は，多くの場合，本人にとって重要な**正の強化**を伴う活動とは両立しない**非両立行動**であるため，結果的にQOLの低下を招くことになってしまう。

　このような体験の回避を助長する認知的フュージョンには，**関係フレームづけ**における過剰な**刺激機能の変換**が関係している。前述したように，われわれは**関係フレームづけ**によって，言語を通した心理的苦痛と接触しているが，これは**刺激機能の変換**が生じた結果でもある。また，ルールも言語刺激であり，**刺激機能の変換**が生じることにより行動が生起する。このような**刺激機能の変換**は，文脈によって制御されるものであるが，**字義性の文脈**下では，考えたことや**ルール**はそのまま**刺激機能の変換**が起こり，行動制御において優勢となってしまう。これが効果的ではない不快な**私的事象**に対する**回避**に向かってしまった場合，心理的健康が阻害される。また，**刺激機能の変換**に対する**文脈制御**の困難によって，**ルール**による行動制御が優勢になると，**随伴性に対する感受性**が低下し，**行動変動性**も低下することが知られている。**ルール支配行動**は，実際の環境変化に対する**感受性**を低下させることから，本当は意味のない行動であっても，その非機能性に気づくことができず，漫然と従ってしまう危険がある。また，**ルール支配行動**が実際にはうまくいっていなくとも，**行動変動性**が低下することから，他の行動を試すといった行動レパートリーの増大が示されにくく，変化しづらくなる。そのため，不快な**私的事象**に対する**回避行動**が維持されやすくなってしまう。

　不快な**私的事象**に関わる言語や**ルール**に対して，一時的に**刺激機能の変換**を適切に**文脈制御**することができれば，体験の回避の低減につながる可能性がある。これが脱フュージョンである。その際，言語や**ルール**の内容自体は，これまでの**学習歴**との**一貫性**により**強化**されているため，**関係的文脈（C**~rel~**）**

を用いてその変容を試みることは得策ではない。そこで，一時的に機能的文脈（C_func）を変えることで，思考やルールの内容は変えなくとも，刺激機能の変換を制御することで回避行動を止めることを目指していく。そのために，字義性の文脈とは異なる言語の特徴に意図的に触れることで，刺激機能の変換を制御する技法が提案されている。たとえば，不快な私的事象に結びついている言語を大きな声で早口で何度も唱えるワードリピーティングは，言語の意味的側面ではなく，音や響きという刺激特徴を際立たせることによって，一時的に刺激機能の変換を抑える。また，「私は〜と考えた」や「私は〜と感じた」と言語体験の表現を変化させるなど，視点と階層のフレームを用いることで，刺激機能の変換を制御する技法もある。ここで注意しなければいけないのは，刺激機能の変換による行動制御それ自体は問題ではなく，むしろ通常の反応だということである。問題になるのは，体験の回避に結びつき，本人のウェルビーイングと両立しない問題行動を制御してしまう場面のみである。そのため，一時的に刺激機能の変換を文脈制御する際は，どのような言語刺激に対してその文脈を適用し，どのような言語刺激には適用しないかを弁別することが必要となる。つまり，体験の回避につながる言語やルール，自らのQOLを高めるような正の強化で維持する行動につながる言語やルールに対して，階層のフレームを使った関係フレームづけをして弁別する必要がある。

　不快な私的事象に関わる言語やルールにおいて，その刺激機能の変換が一時的に文脈制御されると，回避行動が生起する可能性は低くなる。その際，対象となる不快な私的事象が，自らのQOLを高めるような行動をするうえで避けては通れないと理解できれば，自発的に接近することも可能になる（ウィリングネス）。つまり，それまで不快な私的事象とそのような行動を反対として関係フレームづけを行っていたのに対して（たとえば，不安があるから人と関われない），等位として関係フレームづけを行っていく（人との関係を大切にするのであれば，人と関わることに不安はつきもの）。このように，不快な私的事象に対して，体験の回避を生起させずに，接近的に接触することがアクセプタンスであると言える。

●従事したスタイルをRFTから考える

　従事したスタイルでは，価値が重要なコアプロセスとなる。心理的柔軟性モデルやACTにおける価値の定義はすでに述べたが，これをRFTの観点から考えると，個人にとって**正の強化**で維持する行動の**強化子**を**階層のフレーム**で**関係フレーム**づけし，抽象的に言語化したものであり，そして，**動機づけオーギュメンタル**として機能するものであると説明できる。この背景には，行動分析学の基本的な考え方が色濃く反映されている。行動分析学に基づく対人援助においては，**正の強化**で維持する行動レパートリーの拡大が志向される。たとえば，行動分析学の創始者でもあるスキナーは，以下のように述べている。

　　　罰からの逃避ないし回避によってなにかをするときには，我々は**しなければならない**ことをするといいます。そして，そういったときには幸福であることはまずありません。その結果が正の強化をうけたことによってなにかをするときには，我々は**したい**ことをするといいます。そして，幸福を感じます。幸福とは，正の強化子を手にしていることではなく，正の強化子が結果としてもたらされたがゆえに行動することなのです。

　　　　　　　　　　（スキナー，1990, pp.95-96／下線は引用者強調）

　ACTにおいても，**正の強化子**で維持する行動レパートリーの拡大がつねに志向されている。特に，個人のQOLやウェルビーイングと関連する**正の強化子**を階層的に**関係フレーム**づけすることは，それらが**随伴する**行動に対する**結果**をより**確立する**ことにつながり，**動機づけ操作**として機能する可能性を高める。そのため，価値は**動機づけオーギュメンタル**としての側面がある。一方で，価値そのものが**ルール**であり，**ルール支配行動**を導くという点に違和感があるかもしれない。というのも，前項で説明したオープンなスタイルでは，**ルール**や**ルール支配行動**の負の側面を強調していたからである。心理的柔軟性モデルやACTでは，**ルール**や**ルール支配行動**そのものが悪いと主張

しているのではなく，個人のQOLの拡大やウェルビーイングにつながる**ルール**とその逆の**ルール**を**弁別**し，柔軟に対応できるようにすることが重要であると考えている。

　次にコミットされた行為は，価値を頂点とした**階層のフレーム**によって計画されたゴールと，それに向けた具体的な行為を**関係フレームづけ**し，それが**ルール**となって生起する**ルール支配行動**であると言える。そして，そのような**ルール支配行動**は，**ルール**と実際の**随伴性**との一致によって強化される，**トラッキング**として機能することが目指される。ただし，このようなコミットされた行為は，実際には**即時的強化**が**随伴**しない場合が多く，行動の生起と維持のためには，そのような行為と中長期的な結果を，**時間の関係で関係フレームづけ**する必要がある。つまり，「今〜をすれば，将来…になる」という**関係フレームづけ**によって，将来の**結果機能**を現在の行動に**変換**させ，コミットされた行為を生起させるのである。この考え方は，RFTの観点から考えた**ルール支配行動**のメカニズムとされている。

●集中したスタイルをRFTから考える

　集中したスタイルでは，まず「今この瞬間」への柔軟な注意というコアプロセスが求められる。この「今この瞬間」との接触は，行動分析学やRFTの観点から考えると，現在進行中の外的環境での刺激変化や，内的環境で生じている**私的事象**に対する**弁別**である。このような**弁別**は，まず**回避行動**を導く**ルール**における**刺激機能の変換**を弱めるために重要となる。そして，**ルール**による**随伴性に対する感受性**の低下を防ぎ，行動制御に対する環境の影響を高めることにつながる。前述したように，**ルール支配行動**には**随伴性への感受性**や**行動変動性**を低下させる特徴がある。これは，**ルール**による行動制御の結果として，環境刺激の変化に鈍感になり，行動が限定されてしまう現象である。問題となる**ルール支配行動**としての回避を低減し，価値に沿った行動に対する環境からの影響を高める「今この瞬間」との接触は，心理的柔軟性において重要なプロセスとなる。ただ，このような注意の向け方は，意

識的に練習しながら強めていくことが必要なスキルでもある。なぜなら，**関係フレームづけ**は過去の**学習歴**との**一貫性**によって**強化**される行動で，意識せずともつねに生じるものであり，それが**ルール支配行動**を導くためである。

　さらに文脈としての自己は，行動分析学やRFTから考えると，**弁別**された**私的事象**に連続性があるということ自体の**弁別**である。「今この瞬間」との接触によって弁別された私的事象は，次の瞬間にはもう「今この瞬間」ではなくなる。このことは，RFTにおける**直示的なフレーム**（私－あなた，今－そのとき，ここ－そこ）による**関係フレームづけ**と関連する。われわれは，**直示的なフレーム**が確立すると，**私的事象**は「私－今－ここ」で体験されるものとして**弁別**することができ，視点が生じることになる。そして，時間はつねに流れゆくことから，「私－今－ここ」で体験する**私的事象**は，それを**弁別**した途端に「私－そのとき－ここ」あるいは「私－そのとき－そこ」での体験になってしまう。ただ，すべての私的事象は，常に「私－今－ここ」の視点から発生するために，それらの連続性を**弁別**することが可能になる。これをRFTでは**パースペクティブ・テイキング**（視点取得）と呼んでいる。そして，このような**弁別**（視点取得）は，自らのなかで生起する特定の内容をもった**私的事象**と自己（文脈としての自己）を区別するため，**私的事象**に巻き込まれずに行動を選択できる可能性を増やすことになる。

●RFTとACT

　ここまで，心理的柔軟性モデルにおけるオープンなスタイル，従事したスタイル，そして，集中したスタイルに関して，RFTや行動分析学の観点から解説してきた。それぞれ，RFTや行動分析学における実証的研究の蓄積によって支えられているものであるが，一方で，概念分析にとどまった部分も残されている。特に，集中したスタイルに関しては，実証的研究が，方法論上，難しいこともあり，知見の蓄積が十分でないことも指摘されている。また，ACTで用いられるメタファーやエクササイズといった介入技法に関しても，RFTや行動分析学で想定している作用機序が本当に働いているかどうかについ

いて，さらなる研究の積み重ねが必要である。心理的柔軟性モデル，そして，手法としてのACTをさらに発展させるためには，RFTや行動分析学といった原理に基づいた実証的研究を進めていくことが重要である。

研究者紹介——リサ・コイン *(Lisa Coyne)*

　リサは私にとって，とても重要なきっかけを与えてくれた人物です。私にとっての体験の回避は，恥をかくことを回避することでした。そのため，学会に出ても英語がわからなかったらどうしよう，理解できていないことがバレたら大変なことになるという考えに囚われ，ワークショップに出たり，質疑をしたりすることができませんでした。また研究者としての価値が明確になっていなかったこともこれに関係していました。

　何年もの間，自分自身の価値について考えたり，自分自身の体験の回避や認知的フュージョンについて分析したりすることを通して，初めて「新しいことを学ぶ好奇心や，学んだことを日本に持って帰って人々に伝えること」を研究者としての価値とすることができました。そして，そのためには「恥をかく」ことを自ら進んで「買う」ことができると思えるようになりました。その実践の第一歩は，ACBSのカンファレンスで2日間のワークショップに参加することでした。2012年にワシントンで開かれたACBS Xで，リサがACTを用いたペアレント・トレーニングのワークショップを開催していました。ちょうど私も，障害のある子どもをもつ親へのACTプログラムの開発をしていて，リサとアミー・R・マレルの書いた*Parenting*（邦題は『やさしいみんなのペアレント・トレーニング入門』金剛出版［2014］）を翻訳出版していたこともあって，リサのワークショップに参加することにしました。

事前にリサに「英語は十分じゃないけれども勉強したい」とメール
をしました。すぐにリサから返事があり，ワークショップのスライド
や資料を事前に送ってくれました。

　　ワークショップの当日，リサは「シンジよく来たね」と言って，と
ても大きなハグで迎えてくれました（彼女はとても小柄ですが，素晴
らしく温かいハグをしてくれます）。ワークショップでは，数人のグ
ループになり，エクササイズやロールプレイを繰り返します。メンバー
のみんなはとてもサポーティブでした。そして「言葉が十分ではない
なかでこうやってワークショップに参加することは，とても勇気が必
要で，すごいことをしているんだよ」と褒めてくれるのです。

　　この体験がその後の私のACTの研究を促進し，研究者としての充実
した生活へつながっています。

　　リサはその後，来日してワークショップを提供してくれ，カンファ
レンスで会うたびにとても大きなハグで迎えてくれます。　（谷 晋二）

参考図書

●セラピストが10代のあなたにすすめるACTワークブック──悩める人がイキイキ生
　きるための自分のトリセツ（ジョセフ・V・チャロッキ＋ルイーズ・ヘイズ＋アン・
　ベイリー［大月 友・石津憲一郎・下田芳幸＝監訳］，星和書店，2016）
　若者向けのセルフヘルプ用ワークブックです。エクササイズを実際に体験しながら，
ACTを理解することができます。

●アクセプタンス＆コミットメント・セラピー（ACT）（第2版）──マインドフルな
　変化のためのプロセスと実践（スティーブン・C・ヘイズ＋カーク・D・ストローサ
　ル＋ケリー・G・ウィルソン［武藤 崇・三田村仰・大月 友＝監訳］，星和書店，2014）
　ACTを学ぶうえでのバイブルです。基礎から応用まで，しっかりとACTを学ぶこと
ができます。

●よくわかるACT（アクセプタンス＆コミットメント・セラピー）──明日からつか
　えるACT入門（ラス・ハリス［武藤 崇＝監訳］，星和書店，2012）
　ACTのエッセンスをわかりやすく解説した本です。ACTのニュアンスを理解するう
えで役立ちます。

● ACT ハンドブック——臨床行動分析によるマインドフルなアプローチ（武藤 崇＝編，星和書店，2011）

ACTの基盤となっている理論を詳しく解説した本です。言語行動の基礎的理解から，応用（心理的支援）までカバーしています。

● 関係フレーム理論（RFT）をまなぶ（ニコラス・トールネケ［武藤 崇・熊野宏昭＝監訳］，星和書店，2013）

関係フレーム理論やその臨床応用を詳しく解説した本です。ACTだけでなく臨床行動分析を理解するための土台を提供してくれます。

文献

スティーブン・C・ヘイズ＋カーク・D・ストローサル＋ケリー・G・ウィルソン［武藤 崇・三田村仰・大月 友＝監訳］（2014）アクセプタンス＆コミットメント・セラピー（ACT）（第2版）——マインドフルな変化のためのプロセスと実践．星和書店．
武藤 崇（2010）ACT（アクセプタンス＆コミットメント・セラピー）．臨床心理学 10；291-297．
武藤 崇（2013）アクセプタンス＆コミットメント・セラピー（ACT）における「アクセプタンス」とは何か．精神療法 39；851-855．
B・F・スキナー［佐藤方哉＝訳］（1990）罰なき社会．行動分析学研究 5；87-106．
Wilson, K.G.（2009）Mindfulness for Two : An Acceptance and Commitment Therapy Approach to Mindfulness in Psychotherapy. New Harbinger Publications.

第 **4** 章

ACTを用いた心理療法と
心理教育プログラム

これまでの章で，関係フレーム理論（RFT）とACTについて理論的に学んできた。人間の行動の多くが，言語的な関係づけ反応によって影響を受けている。言語的関係づけ能力は諸刃の剣である。関係づけ能力はポジティブにもネガティブにも人間の行動に影響を及ぼすが，ネガティブな側面だけを制御しようとすると結果的に，ポジティブな面も含めて関係づけ能力そのものを失うことになるので，関係づけ能力を制御しようとする試みはうまくいかない。

　関係づけ能力によって生まれたネガティブな影響を，関係づけ能力を使って刺激機能を変化させようとするのがACTである。ACTは関係づけ能力を積極的に用いた方法（会話のやりとり，メタファー，エクササイズなど）を使って，それを実行しようとしている。本章では，心理療法と心理教育の領域からのACTの実践を紹介していく。

抑うつとACT

首藤祐介

このセクションの学習目標

❶ うつ病について説明できる。

❷ ACTにおける抑うつの理解について説明できる。

❸ 抑うつに対するACTの適用について説明できる。

●抑うつ

　うつ病は，抑うつ気分や興味・喜びの減退を主な症状とするほか，体重減少または増加，不眠または過眠，精神運動焦燥または制止，易疲労感または気力減退，無価値観または罪悪感，思考・集中困難，死についての反復思考・自殺念慮・自殺企図などの症状を示す精神障害である（APA, 2013）。うつ病については，入院や薬剤費用といった治療に係る直接費用と，うつ病による生産性低下などの間接費用の合計が年間2兆円とする試算もあり（佐渡，2014），その巨額の経済的損失から大きな社会問題になっている。また，自殺の危険があり個人において重大な結果を招きかねない病気でもある。命が失われる可能性まで含めると，社会に与える影響は計り知れない。

　その反面，うつ病は心の風邪とも呼ばれる身近な精神障害であり，日本における生涯有病率は3〜7％とされている（川上，2006）。メンタルヘルスの領域において一般的に認められる精神障害であり，精神科や心療内科などの病院・クリニックだけではなく，内科などの身体科，あるいは学生相談や産業カウンセリングにもうつ病の問題をもつ人はよく訪れる。したがって，あらゆる領域のメンタルヘルスとその近隣領域の専門家にとって，うつ病に関

する知識は必要不可欠である。

　抑うつに対する治療法として，薬物療法とともにさまざまな心理療法の有効性が示されており，なかでも認知行動療法は「ゴールドスタンダード」として推奨されている（Otte, 2011）。一方，うつ病に対するACTについては，米国心理学会第12部会（臨床心理学）はmodest research supportと位置づけ（Society of Clinical Psychology, 2016），無治療やプラセボより治療効果に優れ，認知行動療法と比較しても同程度に有効であることが示されている（Twohig, & Levin, 2017）。

●ACTにおけるうつ病の概念化のポイント

　ACTは診断に基づく介入ではなくアセスメントに基づく介入を行う。そのため，うつ病のクライアントが2人いても，援助方法が同一になることはない。一方，それでも各精神障害には似通った点があり，比較的共通した注意点もある。共通点について知っておくことは，そのクライアント自身や問題となる行動の理解を助ける可能性がある。

　ACTにおいては，うつ病は望まない私的体験からの回避の結果と考える。うつ病のクライアントは「何も考えたくない」「何も感じることができない」といった発言をよくするが，これはある種の思考や感情，すなわち私的体験からの回避を示している可能性がある。あるいは，そのような思考や感情を避けるため，職場や学校に行かない，部屋に引きこもる，ベッドで寝つづけるといった消極的回避を行うかもしれない。そして，この私的体験からの回避の最たるものが，人生から生じるあらゆる刺激からの回避，すなわち自殺である。

　ツェトル（Zettle, 2014）は，ACTの観点から，うつ病のクライアントをフォーミュレーションする場合に，次の4つの点に注目することを推奨している。まず，①主訴をどのように解釈しているか，である。これにより，クライアントはうつ病であることを正当化するような思考をもち，それと強く認知的フュージョンしていることが明らかになる。次は，②主訴に対する対

処である。どのような対処をし，それが有効なのか無効なのか，または短期と長期の結果を確認することにより，介入すべき体験の回避を特定できる。③クライアントが主訴をなぜ問題と考えているのかも重要である。このポイントにより，うつ状態であることに関する言語的ネットワークを査定できる。最後が，④価値とそれに関連する目標である。これにより，価値と目標が一致していないことや，目標への固執が明確になる。

●うつ病に対するACTの実際

　うつ病者にACTを適用した事例を紹介する。なお，書籍という形式上，多くの人の目に触れることを考え，本節で紹介する事例は，実際の事例ではなく，筆者が経験した事例を組み合わせ，個人情報に関わる部分は創作し，再構築した「架空の事例」である。

　クライアント：A・20代後半女性・専業主婦
　主訴：将来に対する不安がある。落ち込みやすい。仕事ができるようになりたい。
　来談経緯：カウンセリングを希望し心療内科に来院。医師の診察後カウンセリングが必要と判断され，同施設のカウンセラーのもとを来談した。
　医療情報：大学時代，人間関係の悩みなどで心療内科を受診し，自律神経失調症と言われ，抗うつ薬を中心とした投薬治療を受けた。3年前より職場の人間関係などで悩み心療内科を受診し，うつ病の診断を受けたうえで投薬治療を継続している。
　家族：夫（会社員）との2人暮らし。母親は健在だが，遠方でほとんど会う機会がない。
　生育歴：幼少期に母親が離婚しており，物心ついたときには祖父母と母親との4人暮らしだった。母親が看護師で非常に怖い人だった。「あなたはダメね」と怒られることが多く，いつも母親が帰ってくるのが怖かった。何か悪いことをすると家から締め出されることが何度もあった。母親に厳しくしつ

けられたため学校の成績は良かったが，内面ではいつも「失敗したらどうしよう」「人に嫌われたらどうしよう」と心配ばかりしていた。

大学卒業後は地元企業に勤めた。2年前に大学の同級生と結婚。仕事は継続していたが，約半年前に退職した。

問題歴：現在の会社に入社後，事務として営業をサポートする仕事を担当した。当初は問題なかったが，3年前に代わった新しい上司が，すぐに大きい声で叱責する，愚痴が多い，物の扱いが雑な人物であった。同時期に部署の人員削減があり仕事量が増えたこともあって，部署の空気が悪くなった。仕事は増えたが，それを減らす交渉をしたり，協力を求めたりできず，残業や休日出勤で対応していた。しかし，抑うつ気分が強くなり，近隣の心療内科を受診し，投薬治療を受けながら仕事を続けた。

2年前に結婚し，結婚後も仕事を継続した。1年ほど前に上司が体調を崩し，数週間仕事を休むことがあった。その間，Aが上司の仕事の一部を担当したが，職場に戻った上司から「余計なお世話だった」と言われ，ひどくショックを受けた。仕事に行くのが苦痛になり，夫の「無理して仕事をしなくてもいいのでは」という言葉もあって退職した。

その後は専業主婦として生活している。以前より落ち込むことは減ったものの，それでも週に数日はひどく落ち込むことがある。

●ACT経過の概要

X年3月にインテークを実施した。面接を継続する意が示されたため，ほぼ隔週間隔で50分間のセッションを実施した。第15回目のみ前回から3カ月後とした。便宜上，介入を5期に分けて説明する。

第1期：情報収集とケースフォーミュレーション（#1〜4）

現在の生活の状況や困りごとについてヒアリングをした。会社員である夫に合わせた生活をしているため，食事の時間や起床就寝などの生活習慣は安定していた。買い物や習い事などで外出もできており，料理教室にも通って

いる。家事も辛いがなんとかできている。

　一方，何も予定がない日は気力が湧かずひどく落ち込み，ぼんやり考えごとばかりをしていた。「なんてダメなんだろう」「自分は役立たずだ」「自分は出来損ないだ」といった自責的な考えや，「将来病気が治らないのではないか」などの心配に襲われたり，あるいは過去の失敗を思い出し，罪悪感に押しつぶされそうになっていた。むしろ，何かやることがあったほうが楽で，家事などをしていると「ダメ人間」「役立たず」と思わずに済んでいた。「思い返してみれば，仕事も同じような気持ちでやっていた」という。「自分は出来損ないで，その罰としてうつ病になった」とも考えていた。

　人にできるだけ会わないように，特に友人を避けるようにしていた。仕事をもっている友人や子どもがいる友人がほとんどで，子どもがいないのに専業主婦をしているのは自分だけであり，「社会人としても専業主婦としても中途半端」という劣等感があった。また，料理教室には夫に勧められて通っているが，「行かなければ夫に心配をかける」と考えている。楽しいと思う瞬間もあるが，料理中「こんなことでいいのか」と悩んでいることも多かった。

　仕事探しを焦っている。夫には「ゆっくりすればいい」と言われるが，「心のなかでは『早く働け』と思われていそうで怖い」「このままだと見捨てられてしまう」と思っている。

ケースフォーミュレーション：Aの問題を心理的非柔軟性（インフレクサヘックス）から理解した。

体験の回避：「ダメ人間」「役立たず」といった思考や，それらに伴う罪悪感や劣等感を避けるために，家事や仕事探しをしたり，友人を避けたりしている。このような思考や感情からの回避は否定的な思考や感情を一時的に消すことができるが，長期的にはむしろAの人生の質（Quality of Life：QOL）を大きく下げている可能性がある。

認知的フュージョン：Aはうつ病の原因を「自分は出来損ないで，その罰としてうつ病である」と述べており，さらに「役立たず」「なんてダメなんだろう」などの思考と強くフュージョンし，まるでそれらの思考が事実である

かのように扱っている。このような認知的フュージョンは行動レパートリーを狭め，新しい行動に取り組むことを妨害し，体験の回避を助長するものと考えられる。

過去と不安な未来という概念の優勢：「病気が治らなかったらどうしよう」と未来を想像して心配になり，あるいは過去の失敗を思い出し罪悪感を覚えていた。意識が過去や未来に関する思考に向き，そこから注意を離すことができない状態であった。また，夫から優しい言葉をかけられても，注意は思考に向いており，「今この瞬間」の夫に注意を向けることができていない。このような状態は，現実に起きていることへの知覚を妨害し，現実に対して柔軟に対応することを困難にしていた。

概念としての自己に対するとらわれ：「なんてダメなんだろう」「自分は役立たずだ」「出来損ない」という自己評価や，「役立たずな自分」に関連する発言の多さから，否定的な自己像に執着していることがわかる。このような問題は，母親に「あなたはダメね」と言われつづけた経験が関係しているのかもしれない。

価値の明確化の不足：夫や家庭は大切と述べるが，それ以外のA自身の好きなものや大切なこと，人生の方向性に関する発言はほとんど認められず，価値づけられた方向性が定かではない。さらに，仕事に就くことを目標としているが，価値との関係が明確ではない。

持続的な行動の欠如，衝動性，回避：家事や料理教室，求職活動は一見して生産的な行動に見える。しかし，価値に基づく行動というよりも，不快な思考や感情を回避する機能が優勢であり，QOL向上としての機能は限定的である。

介入方針：仕事をしていないことに罪悪感を抱え，その罪悪感から家事や求職活動をしている。あるいは，現在の状況に劣等感を覚え，そのことが友人に会うことを制限している。これらはこの辛い状況に対するAなりの対処だが，結果として家事などは「夫に見捨てられないためにやるもの」となり，友人に会えないといったQOLの低下をもたらしている。したがって，これらの不快な感情や思考からの回避がむしろ問題を悪化させていることに気がつ

く必要がある（創造的絶望）。そのうえで，自分の人生の方向性や大切なことを明らかにし（価値の明確化），不快な感情や思考を避けるのではなく受け入れながら（アクセプタンス），その価値に向かう行動を実施していく必要がある（コミットメント）。

またAは，自分は「出来損ない」だから「罰を受けており」，うつ病は正当な結果であるといった，うつ病への理由づけを述べている。言い換えれば，否定的な思考に強くフュージョンしており，まるでそれを事実のように扱っている。したがって，このような関係フレームづけを扱わなければ，この状況からの脱却は難しい。加えて，このような認知的フュージョンは体験の回避を助長させるとともに，新しい行動を実行することを妨げていた。そのため，思考は現実ではなく思考にすぎないことに気づき，思考と距離を取ることができるようにする援助が必要である（脱フュージョン）。そして，否定的な思考にとらわれるのではなく，そのとき現実に起きている事象（今この瞬間）に注意を向けることも役に立つだろう。

第2期：創造的絶望と脱フュージョン（#5～6）
この期間のはじめに，思考をコントロールしようとすると何が起きるかを体験的に理解するため，「考えないエクササイズ」（Harris, 2009）を行った。

セラピスト：水色のキリンを思い浮かべることはできますか？
A：えっと，はい，できます。
セラピスト：どんなキリンが思い浮かんでいますか？
A：アニメのような感じで，小さな子どものキリンです。
セラピスト：では，今から1分間，そのキリンを絶対に思い浮かべないでください。色とか足だけとか，一部分だけを思い浮かべるのもダメですよ。行きますね，さん，はい！（セラピストは時間を測る。時々「絶対思い浮かべてはいけませんよ」「一部だけでもダメですよ」と声をかける。そして1分後）どうでしたか？　しっかり思い浮か

べないようにできましたか？

A：いいえ，ちらちらと思い浮かべてしまいました。色とかキリンの首だけとか出てきてしまいました。

セラピスト：（ニヤリとしながら）一生懸命やりましたか？

A：ええ，一生懸命やりました（苦笑）。

セラピスト：たった1分間ですが，一生懸命に水色のキリンを思い浮かべないようにしたら，反対にそれがたくさん出てきてしまいましたね。今経験されたように，何かを思い浮かべないようにすると，かえってそれが出てくるよう人はできているんです。でも，水色のキリンなら笑い話ですけれど，もしこれが“生きている価値がない”といった，ネガティブな考えを考えないようにしたらどうなるでしょう？

A：たくさん考えてしまうということですか？　ちょっとわかる気がします。

　さらに，思考と距離を取ることを体験的に理解するため，脱フュージョンのためのエクササイズである「レモン，レモン，レモン」（Titchener, 1916）を用いた。

セラピスト：考えないのでもなく，考えるわけでもない，第3の方法をやってみましょう。Aさんをよく悩ませる考えは“ダメ人間”でしたね。一度この言葉を口に出してみてください。

A：ダメ人間。

セラピスト：どのように感じましたか？

A：本当にダメ人間になったような，落ち込んで，暗くて，孤独な感じです。

セラピスト：ではちょっと大変ですが，今から1分間“ダメ人間”と，できるだけ早く，できるだけたくさん，ただ言いつづけてください。行きますよ。さん，はいっ！

A：ダメ人間ダメ人間ダメ人間……（セラピストも一緒に「ダメ人間」

と言い，時々「いいですよ！」「頑張って！」「あと20秒！」「もっと早く！」と声をかける。途中から，Aの笑いが漏れはじめる）

セラピスト：では最後にもう一度！

A：（少し笑いながら）ダメ人間！

セラピスト：どうでしょうか？

A：言いつづけているうちに，自分が何を言っているのかわからなくなってきました。まるで知らない呪文を唱えているみたいでした。

セラピスト：ゲシュタルト崩壊，みたいな感じですね。ところでさっきおっしゃっていた，暗くて，孤独な感じはどうですか？

A：今はないです。

セラピスト：考えが消えたわけではないけれど，さっきと距離感が違うと思います。このようなことを"思考と距離を取る"といいます。思考と距離を取る感覚，なんとなくわかりましたか？

A：なんとなくわかった気がします。

#5では，「流れに漂う葉っぱエクササイズ」（Hayes et al., 1999）を実施した。これは思考に反論したり，考えないようにするのではなく，思考をただ眺め距離を取る練習であることを事前に説明した。

セラピスト：姿勢を楽にして，目をつぶってください。川が流れています。その横に座っていることをイメージしてみましょう。小川には時々葉っぱが流れているのが見えます。もし何か考えごとが浮かんだら，それを葉っぱの上に乗せてください。そしてそれが流れていくのをただ見ていましょう……葉っぱがどこかに引っかかったり，戻ってきても，無理に押し流そうとせず，ただそれを見ていましょう……今，Aさんがすべきことは，ただ座り，葉っぱが流れていくのを見ることだけです……自然に流れるのを，ただ見ていましょう……（その後，同じ教示を時々繰り返しながら10分ほどエクササイズを続ける）

Ａ：（終了後，感想を求めると）不思議な感覚。いろんなことが思い浮かんできました。それを眺めているだけ，というのが不思議。

セラピスト：押し流そうとせず，沈めようともせず，ただ見ていられるというのが大事です。これは，野球でいう素振り練習みたいなもので，練習をすると思考との距離の取り方が上手になります。毎日10分ぐらい練習してみませんか？

第3期：価値の明確化とコミットメント（＃7〜10）

　最近の様子を聞くと，Ａは「相変わらず『役立たず』とか『ダメ人間』はよく出てきます。落ち込むこともあるけれど，『あ，いつものが出てきた』と冷静に受け止められるときも増えてきました」と報告した。以前に比べると，ただぼんやりと落ち込んでいる時間は減ってきているとのことだった。

　この時期はＡの人生にとって必要なもの，大切なものを自己探索していく「価値の明確化」に取り組んだ。

セラピスト：Ａさんが大事にしている「こと」や「もの」ってなんでしょうか？

Ａ：大事にしていること……夫とかでしょうか？

セラピスト：旦那さんが大事なのですね。どうしてそう思うか聞いてもいいですか？

Ａ：私を一番理解してくれているし，助けてくれますし……あとはやっぱり夫婦なので。

セラピスト：なるほど，Ａさんにとって理解者がいることや夫婦関係がとても大切なものなのですね。そういったＡさんにとって大切なものを価値と呼びます。ちょっと怖い想像なのですが，もし旦那さんに2度と会えない，となったらＡさんはどうなりますか？

Ａ：（少し顔をしかめながら）すごく絶望して，立ち直れなくなりそう。毎日が空っぽというか……

セラピスト：たった今お感じになったように，価値を見失うことは人生

の明るさを見失うことなんです。でも反対に言うと，自分にとっての大切なものが何か気がつくことは，生きる活力にもなるんです。だから，今日はAさんのもつ価値についてお話をしませんか？（その後，「健康であること」「身体を動かすこと」「人を喜ばせること」「ものを作ること」などに価値を置いていることを話し合った）

　価値を明確にするだけではなく，それに接近していく必要がある。これを理解するため，コミットメントについて話を進めた。

　　　セラピスト：価値はそれに近づくことが大切です。そして，価値に近づく方法は，価値について行動することです。たとえば，Aさんにとって旦那さんや夫婦関係を大切にするというのは，どんな行動を取ることでしょう？
　　　A：ええっと，夫と話をしたり，食事を作ったり？
　　　セラピスト：いいですね。ほかには？
　　　A：一緒に出かけたり……あ，一緒にランニングをしていた時期もありました。
　　　セラピスト：素晴らしい！　すでに価値に近づこうとしていたことがあるんですね。では，それが全部できているところをイメージしてください……（イメージするのを待つ）価値に近づいた気はしますか？
　　　A：はい。

「身体を動かすこと」について話すなかで，前々からボルダリング（フリークライミングの一種）をやりたいと思っていたことが語られた。そこで，その価値に接近するために，「近くにボルダリングの施設や教室がないか探す」「そのホームページを見てみる」「ボルダリングに関する本を本屋で探す」を実施する計画を立てた。次のセッションでは，「ボルダリングに行きたいと夫に話したら，『僕も興味ある』って一緒にやることになった。今，一緒に体験入学できる教室を探している」と生き生きと語る様子が見られた。

この期間，脱フュージョンに取り組みつつも，他の価値に接近する行動の計画を立てて実施していった。「友人に連絡を取る」「少し豪華な料理を夫に作る」「ボルダリング教室に行く」「ウォーキングを行う」などを計画し，実際に行った。

第4期：「今，この瞬間」との接触（＃11〜12）

以前と比べるとずっと活動的になり，家で落ち込んでいることは少なくなった。しかし，友人に会った際に「友人はどう思っているんだろう」「仕事もせずいい身分だ，と思われていないだろうか」と考え，急に口数が少なくなったり，夫と話している際も「稼ぎがないのに趣味で遊んでばかりと思われていたら」と急に悲しくなり，会話が続かないことがあった。

これは思考にとらわれ，今そこで生じている出来事に注意が向いていないことを示している。そこで，「今この瞬間」との接触に関するエクササイズを導入した。

> **セラピスト**：人は出来事を無意識のうちに評価し，まるで評価が本当かのように動かされてしまいます。一方で，評価せず"純粋に見る"こともできます。このような見方をマインドフルな観察といいます。たとえば，このペンについてどう見ますか？（セラピストはペンをAに渡す）
>
> **A**：えっと，書きやすそうなペンですね。職場で似たようなペンを使っていました。
>
> **セラピスト**：ありがとうございます。実は今の「書きやすそう」「職場で使っていた」というのが評価なんです。なぜなら，「書きやすそう」「職場で使っていた」はここに存在しません。それはAさんの頭のなかにあるだけです。もちろん，評価は生きていくうえでとても大切で，気がつかないうちにたくさんの評価を行っています。でも，そればかりだと困ることもあって，実は「友人はどう思っているんだろう」「夫は遊んでばかりいると思っている」というのも，今ここ

には存在しないAさんの評価なんです。そして，人は評価と事実を混同して，まるで評価を事実であるかのように思い込むことがあります。ここまでよろしいでしょうか？

A：はい。

セラピスト：一方，マインドフルな観察では，今，目の前にある事実に気がついていきます。たとえば，このペンは「安物」というのはここに存在しませんから評価です。一方，「お尻の部分が剥げている」「黒インクのボールペン」「ボディは銀色」というのはここに存在します（セラピストはそれぞれの箇所を指差してAに見せる）。ちょっと練習してみましょう。このスタンドライトを見てください。そして，マインドフルな観察，つまり目の前にあることで気がついたことを，どんどんおっしゃってください。

A：銀色のボディ，とかですか？

セラピスト：いいですね！　ほかには？

A：白い光，えっと黒いスイッチ，電源コードも黒，高価そう……

セラピスト：おっと，「高価そう」は……？

A：あ，評価でした。あとは，少しほこりがついていて，説明用のシールがついています。シールも銀色です。

セラピスト：マインドフルに見るコツをつかんできましたね。（さらに机やペンケース，窓の外などをマインドフルに観察する練習をした後……）評価に目を向けるか，現実に目を向けるかはAさん次第です。もし次に「仕事もせずいい身分」という評価が生じたことに気がついたら，それと距離を取り，その代わり，相手の表情や話している言葉，服装など「事実」に目を向けてみてください。

A：はい，やってみます。

第5期：活動の維持とフォローアップ（#13〜15）

予定がない日であっても落ち込むことはほとんどなく，「自分は役立たず」などの否定的な思考が浮かんでも，「いつもの思考が来た」と，軽く受け流し

ている。近所の雑貨店にパートとして週数日勤務することにした。これも，罪悪感から逃れるためではなく，夫と話し合い，「今は家庭を大切にしたい」「まだ具体的な予定はないが，近いうちに赤ちゃんを迎えることを考えて」あえてパートタイムの仕事にしたとのことであった。

　もちろん落ち込むこともある。しかし動けなくなることはなく，普段通りパートに行ったり家事をしたりできているという。ほとんどの場合，そうやって過ごすうちに自然と落ち込みはどこかに消えてしまっていた。そして，夫とはウォーキングやボルダリングを楽しみ，時には友人と会って食事をしたりと，以前に比べてずっと人生を楽しんでいるようであった。

● うつ病に対する ACT 適用の留意点

　上記事例をもとに，うつ病に対する ACT の適用について考察する。まず，Aの事例においては創造的絶望の体験的理解から ACT の導入が始まった。この導入順は珍しいものではないが，うつ病者に創造的「絶望」を与えることに躊躇する実践家もいるかもしれない。しかし，この疑問は創造的絶望の機能を考えることで晴れるだろう。創造的絶望とは「絶望」の感情を与えるのではなく，現在の方法が長期的にうまくいかないことに対する気づきを得るプロセスである。その結果として，今まで固執していた方法とは異なる方法へと行動変容する下地を整える。上記事例でも，否定的な思考や感情を回避するために多様な行動を実行することが，長期的な QOL 改善に役立っていないことを示すため，「考えないエクササイズ」を導入した。そのうえで，新しい方法としての脱フュージョンを導入している。

　うつ病のクライアントに対して，価値の明確化とコミットメントは主要なコンポーネントとなる可能性がある。ACT と同じく機能的文脈主義に基づく心理療法に行動活性化療法（次節参照）があるが，ACT より経験的な支持を得ているとされ（Kanter et al., 2006），米国心理学会第12部会は，うつ病に対する行動活性化療法を Strong research support としている（Society of Clinical Psychology, 2016）。さらに，ACT の価値の明確化とコミットメント

は行動活性化療法そのものとされている（Hayes et al., 2012）。上記事例においても，第3期以降は価値に基づく行動を援助の中心に置き，介入を展開している。うつ病は機能的な行動レパートリーが阻害される行動問題でもある。したがって，その人にとっての機能的な行動レパートリーを明らかにする価値の明確化，そして実際に行動レパートリーの拡張をもたらすコミットメントは，うつ病における中心的なコンポーネントとなりうると考えられる。

不安とACT

首藤祐介

このセクションの学習目標

❶不安症について説明できる。

❷ACTにおける不安の理解について説明できる。

❸不安に対するACTの適用について説明できる。

●不安症

　日本における不安症の12カ月有病率は4.8％であり，うつ病と同様にメンタルヘルスの領域においてよく認められる問題である（Kawakami et al., 2005）。この不安症はさらに細分化され，パニック症，社交不安症，全般不安症，限局性恐怖症などは，外来における成人対象のカウンセリングにおいて比較的よく見られる障害である。それぞれを以下に概説する。

①**パニック症**：動悸や発汗，窒息感，めまいなどの症状が生じ，恐怖や不快感が急激に高まるパニック発作を繰り返す。発作は突然起き，通常は数分程度でピークに達する。このようなパニック発作を繰り返すと，発作が起きていないときでも発作が起きることについて心配するようになり，パニック発作を連想させる状況や活動を避けるようになる。

②**社交不安症**：他者から注目されることに対する不安が中核となる精神障害である。この障害をもつ人は，自分自身の振る舞いや不安・緊張を表に出すことによって，他者から否定的な評価を受けることを恐れ

ている。そのような場面を避けつづけた結果として，人と交流をすることができず，親密な関係の形成に失敗したり，対人スキルの低下や未発達が生じる。

③**全般不安症**：この障害をもつ人の中核的な症状は過剰な不安と心配であり，本人はそれを制御できないと感じている。この不安や心配は，自身や親しい人の健康や安全，仕事上の責任を取ること，日常の些細な失敗など多岐にわたり，その対象が次々に変わることもある。このような過剰な不安と心配により，学業や職業的な役割が果たせない，あるいは社会的日常的な生活に困難が生じる場合に，この障害と診断される。

④**限局性恐怖症**：特定の対象や状況（たとえば，動物，交渉，血液，暗所など）に対して強い恐怖や苦痛を感じ，日常生活に支障が生じるものをいう。この障害をもつ人は，恐怖対象を積極的に回避するか，耐え忍ぶことになる。

　このように不安症にはさまざまな種類があるが，いずれの不安症においても，強烈な不安や恐怖それ自体がQOLの低下を起こすのではなく，不安や恐怖にばかり注目した生活を送ること，あるいは過剰に不安や恐怖を避けようとすることによって，QOLの低下が引き起こされている点が共通している。たとえば，パニック症の人は，パニック発作そのものではなく，パニック発作を起こした場所や状況を過剰に避けようとすることで，外出が困難になる。社交不安の人は，人前に立つことによる不安そのものというより，不安になることを避けて人前に出ないようにした結果，学業や仕事に支障が生じるのである。

　不安症に対する心理療法として認知行動療法の有効性が広く確認されており，なかでもエクスポージャーの重要性が明らかになっている。エクスポージャーとは，不安などの不快な情動を喚起する刺激を繰り返し提示することによって，その刺激の不安喚起効果を低下させる手続きである。たとえば，パニック症では恐れている身体感覚や状況，社交不安症では不安や緊張を感

じる社会的状況，全般不安症では不安や心配を引き起こすイメージ，限局性恐怖症では恐怖対象や状況などを繰り返し提示（曝露）することにより，その刺激が不安を喚起しないようにしていく。

　不安症に対するACTも効果的な方法であることが示されつつある（Twohig, & Levin, 2017）。加えて，ACTは体験の回避が主な維持要因である問題に適応可能な心理療法であり，診断横断的アプローチ，すなわち1つの介入により複数の障害への援助を試みるアプローチでもある（武藤・三田村，2011）。この特徴から，多様な形態を見せる各種不安症であっても，同じアプローチで援助できる可能性がある。この点においても発展が望まれる。

●ACTにおける不安症の概念化

　本来，恐怖や不安は我々の安全が脅かされそうなときに発生する警告信号である。その信号に従って防衛的な行動を取り，被害を未然に防ぎ，最小限にすることができる。このような恐怖や不安は人が健全に生きていくうえで不可欠であり，恐怖や不安とそれに伴う思考や身体反応を経験すること自体は何ら不適応ではない。たとえば，自動車を運転中に，交通量の多いやや危険な交差点で事故にあった経験があるとしよう。その人は，その交差点を再び車で通るとき，「また事故にあったら嫌だな」と考え不安を感じ，慎重に運転をする。このとき，その人は不安を経験しているが，むしろ適応的に行動している。反対に，すべての交差点を避けたり，運転すること自体をやめてしまえば，運転について不安を感じることはなくなる代わりに，いくぶん生活が困難になる。このように，不安そのものに対して柔軟性のない極端な形で反応することで，不安は臨床的な問題へと発展するのである。

　オーシロほか（Orsillo et al., 2014）は，不安症に対するACTのフォーミュレーションを次の6点にまとめた。すなわち，①不安を体験することに前向きではない，②不安をコントロール，または除去しなければならないと考える，③不安のコントロールを試み，かえって不安を受け入れられなくなる，④不安を回避するための心理的または行動的対処を行うことで短期的に不安

のコントロールができるが，かえって不安が増悪している，⑤短期的に不安が緩和されるため回避・逃避行動が強化され，それを行う頻度が増える，⑥回避・逃避行動の拡大により日常生活が困難になり，QOLが低下すると考える。これらの点から，ACTの実際を見てみよう。

●不安症に対するACTの実際

ここで紹介する事例は，筆者が経験した事例を組み合わせ，個人情報に関わる部分を創作し，再構築した「架空の事例」である。

クライアント：B・40代男性・会社員
主訴：運転が怖い。特に高速道路やトンネルが不安。
来談経緯：カウンセリングが必要と主治医が判断し，本人の同意が得られたため，同施設に勤務するカウンセラーが面接を担当することとなった。
医療情報：X−4年，めまいなどを理由に脳神経科を受診。異常は指摘されなかった。X−3年，心療内科にてパニック症の診断を受け通院を継続。薬物療法を受けている。
家族：妻（パートタイマー），長男（16歳），長女（12歳）との4人暮らし。両親ともに健在で，近所に住んでいる。父親は神経質な人で，父方にうつ病を患っていた親戚がいる。また，同じく父方の親戚に脳梗塞で亡くなった人がいる。
生育歴：親は自営業をしており，それほど裕福ではなかった。小さい頃から臆病なところがあり，ブランコなどの動きの激しい遊具が怖いと感じていた。それ以外に特筆すべき点はない。大学卒業後現在の会社に入社し，現在まで問題なく勤務している。
問題歴：X−4年頃，運転中トンネルに差しかかった際，トンネル内で視界が歪むように感じた。脳の異常かもしれないと心配になり総合病院を受診，MRIなどの検査を行った。異常は指摘されなかった。

X−3年，家族旅行の最中に全長10km近くあるトンネルを運転して通った。

その際，頭が「ふわふわ」する感じがあり，事故を起こすのではないかと強い恐怖を感じた。その数日後に仕事で高速道路を運転中に，同様の感覚に襲われた。それ以来，ふわふわした感覚に頻繁に襲われるようになった。最初はトンネルや高速道路だけだったが，次第に渋滞時や交差点の左折待ち時にも感じるようになり，運転を極力しないようにしていた。その時期，偶然テレビでパニック症について知り，自分もそうではないかと思い，心療内科を受診した。薬物療法を受け，運転がなんとかできる程度に回復したが，高速道路やトンネルは依然苦手だった。

　X年1月，理由は不明だが，再び運転することへの不安が高まり，運転が非常に苦痛だと感じるようになった。何か新しい方法をと考え，カウンセリングを受けることを決めた。

●ACT経過の概要

　X年2月にインテークを実施した。継続することで同意がなされたため，2週間に1度の間隔で50分間のセッションを実施した。第17回目のみ前回から3カ月後とした。便宜上，介入を5期に分けて説明する。

第1期：情報収集とケースフォーミュレーション（#1〜3）

　問題についてヒアリングした。運転が不安なのは，「運転中に脳梗塞を起こして事故になるのではないか」と考えているためである。特に苦手なのはトンネルや橋の上，高速道路などである。一方，路側帯が広いと「万が一の場合，車を停めればよい」と思うことができ，少し安心できる。ただし，現在はほとんど運転はしていなかった。乗れないほどではないが，エレベーターやバスなども苦手である。同様に，その場を立ち去りにくい状況，たとえば行列も好きではない。ひどいときは顧客訪問時に応接間に通されるのも不安であった。

　そういった場所では，頭が「ふわふわ」するよう感じ，動機や息苦しさ，めまいなどが生じる。ひどいと手足が冷たくなったり，震えたりすることもあ

る。各種検査を受けて脳に異常はないと言われているが，頭の血管が切れるようなイメージや，「本当は脳梗塞で，死んでしまうかもしれない」といった考えが出てくる。そのような感覚が生じるときは，ふらふらしないように遠くの景色を見たり，頭を揺らさないようにする。車を停めて休んだり，深呼吸したり，そういった感覚が生じないよう運転を極力しないようにしている。

　なお，運転できないことによる仕事上の障害は最小限であった。たとえば，お客さんのところにどうしても行かなければならない場合は，他の人に運転をお願いしている。

　ケースフォーミュレーション：Bの問題を心理的非柔軟性（インフレクサヘックス）から理解した。

　体験の回避：発作に関連する身体感覚や情動を回避している。遠くを見る，頭を揺らさない，休憩する，深呼吸するなど，本人なりの対処は，短期的にはこのような感覚をコントロールできるが，長期的には問題を悪化させている。

　認知的フュージョン：頭の血管が切れるイメージや「本当は脳梗塞で死んでしまう」という思考にフュージョンしており，体験の回避を後押しするとともに，車の使用をますます避けることにつながる。

　過去と不安な未来という概念の優勢：発作が生じそうな場面では，運転に集中するのではなく，脳梗塞を起して事故になるといった不安な未来に関する思考に意識を向けており，そこから抜け出すのが困難なようであった。

　概念としての自己に対するとらわれ：発作に関連する場面では「脳梗塞かもしれない」という思考を繰り返している。また「自分は脳梗塞になりやすい体質」と自身を評価することもあった。脳梗塞で亡くなった親戚がいることも，このとらわれを助長している。このようなとらわれは脱フュージョンを困難にする理由づけである。

　価値の明確化の不足／回避的なトラッキング：仕事や家族を大切にしており価値を見失っていない。運転を避ける，発作が起きそうなとき車を停めるなどをすることで実際に事故は起きていない。しかし，この回避的なトラッキングは，仕事や家族のために運転をする，といった価値に基づく行動の結

果を経験することを阻んでいる。

持続的な行動の欠如，衝動性，回避：運転すればQOLが上がることは理解しているが，それを行っていない。運転中に不安があると，発作に至っていなくても衝動的に車を停めてしまう可能性が高い。

介入方針：主要な問題は不快な身体感覚や情動に対する回避であり，改善には避けている私的感覚に積極的に接近する必要がある（アクセプタンス）。そのためには，車を使用することの必要性を価値との関係で整理し，大切なことのために車に乗る，といった文脈を準備する必要がある（価値とコミットメント）。

「脳梗塞で死ぬ」といった思考，「脳梗塞になりやすい体質」といった自己評価も回避を助長しており，それらの思考から心理的に距離を取る必要がある（脱フュージョン）。また，思考と距離を取ったうえで，発作が生じそうな場面でも運転に集中するよう援助することも有効である（今この瞬間との接触）。ただし，体験の回避こそが生活を阻害していることに気づく文脈を整えなければならない。よってこれを行う創造的絶望から援助を開始した。

第2期：創造的絶望とアクセプタンス（＃4〜5）

＃3では不安を避けることによる悪循環を理解するため，創造的絶望として筋トレをモチーフにしたメタファー（首藤ほか，2016）を使用した。

> セラピスト：Bさん，重たいのは好きでしょうか？
>
> B：（不思議そうに）えっ？　あまり好きではないですが。
>
> セラピスト：それはそうですよね。私もです。じゃあ，重たいものを絶対に持たないようにしていたらどうなるでしょう？
>
> B：楽ですけど……弱くなるんじゃないでしょうか。筋肉とかが。
>
> セラピスト：おっしゃる通りです。重たいものを避けると筋力が落ちて，重たいものがより一層重くなります。だから，重たいものを避けつづけると，今まで持つことができていた重さのものも持つことができなくなります。実は不安にも同じことが言えるんです。不安に感

じる状況や場所を避け続けてしまうと，不安に対して……？

B：弱くなる。

セラピスト：そうです。今までは大丈夫だった場所もどんどん苦手になってしまうんです。ここまでいかがですか？

B：たしかにその通りで，自分の問題に当てはまっています。不安なことを避けているけれど，よけい悪くなっているように感じます。

さらに，筋トレのメタファーを続け，アクセプタンスについても体験的な理解を促した。

セラピスト：では，重いものを持てるようにするには，どうすればいいでしょうか？

B：鍛える，筋トレをする。

セラピスト：つまり負荷になるような重たいものを持つということですね。でも，Bさんは先ほど重たいのが嫌いとおっしゃっていましたが，でも筋肉をつけるためにはやっぱり……

B：重くても我慢して筋トレをするしかないですね（苦笑）。

セラピスト：重たさは感じなければいけない？

B：感じなければいけませんね。

セラピスト：やっぱり不安も同じで，不安に強くなるためには，あえて不安を感じに行くことが必要になります。不安を避けるのではなく，不安に強くなるための心の筋トレをしませんか？

B：ぜひやってみたいですね。

#4では「あじわいエクササイズ」（Eifert, & Forsyth, 2005）を導入した。導入に先立ち，筋トレのメタファーを利用して，次のような内容を伝えた。これは不安を避ける文脈から不安に接近する文脈への転換を目的としたものである。

セラピスト：筋トレは何も考えずにやるのではなく，どこに負荷がかかっているのか，どの程度かかっているのか意識しながらやると効果的です。心の筋トレも同じで，不安を感じないようにするのではなく，どのように不安なのか，どこが不安なのか，不安や不快をしっかり感じようとする姿勢が大事です。

　そのうえで，Bの苦手な首を左右に振ることに挑戦した。Bはめまいの感覚が「脳梗塞が起きそうで」不安だったが，これをあえて感じることを目指したエクササイズであった。30秒ほど首を左右に振り，その後生じる感覚や感情について細かく報告することを求めた。Bは「クラクラする」「目がチカチカする」「頭が火照っている」「逆に指先は冷たく感じる」「ごく軽い吐き気」など，詳細に状態を報告した。感想を尋ねると，「不安を感じないほうがよいと思っていたので，不思議な感覚です」「思ったほど悪い状態ではないことに気づけた」と答えた。そこで，「あじわいエクササイズ」として，苦手なエレベーターに乗ること，そのときの感覚を積極的に感じることをホームワークとした。

第3期：脱フュージョン（#6〜8）

　前回のセッションからエレベーターに乗る「あじわいエクササイズ」を数回実施したと報告があった。「乗る前は緊張がある」「ごく軽いめまい」「乗ってしまえばあっという間」「いつもはふわふわが出てこないか心配していたが，実際には何も起きていないことに気がついた」とBは感想を述べた。そのため，自宅で首振り訓練をしたり，エレベーターに乗ることを継続し，生じる感覚を積極的に感じることを練習した。

　この時期，認知的フュージョンについても扱った。

セラピスト：人は考えることができる動物で，皆マインドをもっています。このマインドは人が言葉を獲得したときから存在しています。そして，このマインドはとても心配性なのですが，危険な原始時代

を人が生きていくうえで重要でした。「あの草むらに狼がいるかもしれない」「今のうちに食料を手に入れないと，冬を越せない」「雨に濡れつづけたら病気になって死んでしまう」とマインドが囁いてくれなかったら，きっと人類は滅びていたでしょう。現代は原始時代よりずっと安全です。でも実はマインドはまだ同じことを続けています。「仕事に失敗したらクビになるぞ」「みんなに嫌われたら生きていけない」というように。そしてBさんのマインドは「ふわふわが起きたら事故を起こしてしまう，死んでしまう」と言っているのかもしれません。そういう意味で，Bさんのマインドは人一倍心配性なのかもしれませんね。

B：そんな気はします。

セラピスト：マインドは優秀なアドバイザーですが，時に誤ったアドバイスもします。でも，アドバイスを聞くこともできれば聞かないこともできます。

そのうえで，脱フュージョンの一環として「『私は〜である』という考えを持っています」（Harris, 2009）をアレンジした「〜とマインドが言っているエクササイズ」を練習した。

セラピスト：もしマインドが何かを言ったら，「〜とマインドが言っている」と付け加えてみてください。実際にやってみましょう。まず「脳梗塞で死んでしまう」と言ってみてください。

B：脳梗塞で死んでしまう。

セラピスト：脳梗塞で死んでしまう，とマインドが言っている。言ってみてください。

B：脳梗塞で死んでしまう，とマインドが言っている。

セラピスト：違いはいかがですか？

B：後のほうが嫌な感じが少ないですね。何か他人事のように感じます。

セラピスト：いいですね（この後，「事故を起こしてしまう」などの他の

言葉についてもいくつか練習した）。これを普段も練習してみましょう。ちなみに今，Bさんのマインドはなんと言っていますか？　つまり，どんなことを考えていますか？

B：忘れずにできるか心配です。

セラピスト：できるか心配です……の後に？

B：あ，忘れずにできるか心配，とマインドが言っています。

セラピスト：バッチリですね！　特に「あじわいエクササイズ」中にマインドが何を言うか観察し，「〜と言っている」を付け加えてみてください。また，それ以外でもマインドの言葉に気がついたらやってみましょう。これをホームワークとしていいですか？

B：やってみます。

セラピスト：ちなみに今，マインドはなんと言っていますか？

B：たぶん大丈夫，とマインドが言っています。

第4期：価値の明確化（#9〜12）

　この時期はBにとっての価値に関する聞き取りを行った。仕事を通して得た信頼に価値を置いていること，家族に対して良い父親でありたいことなどが語られた。特に長男はいずれ大学生となれば親元を離れるだろうが，それまで家族としての時間を大切にしたいと述べた。そのなかで「以前のように車に乗れるようになって，（大学進学のため）長男が離れて行く前に，家族旅行にもう何回か行きたい」という発言があった。また，長女の習い事に行くために車が必要だが，妻に任せきりであることを気にしていることも語られた。

　価値の明確化と歩調を合わせる形で，「あじわいエクササイズ」も継続した。この時期は車の運転が中心であった。最初は短距離の運転（近所のコンビニまで）から始め，右折の多いルート，橋やトンネルに挑戦した。また，最初は妻に助手席に乗ってもらって実施したが，次第に一人でも実施できるようになった。「エクササイズをやる前とか，トンネルに入る前，橋を渡る前などのマインドは『危険危険』とうるさい。でも始めてしまえば静かになる」「ふわふわを感じることもあるが，『来るなら来い』と思っていると，意外と

そのまま消えていく」などの報告があった。また，＃12では2回ほど長女の習い事に車で送ったことが語られた。「娘に『私がいるから大丈夫だよ』と言われたら，送迎しないわけにはいかないですよ」とうれしそうに語り，自信になったようである。

第5期：活動の拡大期とフォローアップ（＃13～17）

これまでに習得した方法を用いて，車の運転を中心とした練習を行った。この時期，高速道路にも挑戦した。＃14では1区間だけ高速道路に乗るつもりだったが，乗ってみたら「意外と何事もなく」隣県まで行くことができ，帰りも高速道路を使用して帰宅できた。「『脳梗塞を起こしたらどうしよう』というマインドの言葉は出てきたけれど，それほど気にせず運転できました」とのことであった。

その後も高速道路やトンネルにも挑戦を続けた。＃16では在住する県で最も長いトンネルを運転することも達成した。また運転以外のエレベーターや行列にも問題なく入ることができている。今は，多少運転に不安があったり，「脳梗塞が起きるかも」といった考えが頭をかすめても，家族と車で出かけるなど有意義な生活を送っているようであった。

●不安症に対するACT適用の留意点

不安症に対する認知行動療法においては，エクスポージャーが中核的な要素とされているが，不安を含めた不快な出来事を自ら体験するというACTにおけるアクセプタンスの要素は，エクスポージャーとも共通する視点である。そして，本事例で用いた「あじわいエクササイズ」はACTにおけるエクスポージャーであるが（Eifert, & Forsyth, 2005），単なる不安の消去ではなく，価値に基づき不快な体験に接近し，それをただ感じる行動の形成として再定義されている。

不安症のクライアントは，不安そのものを問題とし，「不安さえなくなれば問題は解決する」と考えて来談することが多く，来談に至るまでに不安を回

避してきた長い経歴をもつ人も少なくない。したがって，ACTのセラピスト
は，不安を回避するモードを，不安へと接近するモードへと切り替えること
ができるよう，クライアントを援助する必要がある。

　不安接近モードへと促す援助のひとつが創造的絶望である。「不安さえなく
なれば問題は解決する」というのは，不快な思考や感情をコントロールすれ
ば問題を解決できるとする変容のアジェンダにとらわれている状態である。
したがって，クライアントは現在の対処法が機能しておらず，時にはそれが
問題を悪化させ，QOL低下を引き起こしていることに気がつかなければなら
ない。上記事例においては筋トレのメタファーを使用し，「重いものを避け
る＝不安を避ける」ことを続けると，「重いものが持てなくなる＝より不安に
耐えられなくなる」といった回避の弊害に目を向け，不安に接近するための
文脈を導入した。

　もうひとつの援助が価値の明確化である。不安に接近する行動が悪循環か
らの脱却につながると理解しても，その行動自体にメリットがなければ維持
や汎化は望めない。不安をあじわうことが重要なのではなく，不安をあじわ
いながら自分にとって価値のある行動を行うことに意味がある。上記事例に
おいても，介入中盤に価値の明確化を行った。それまではエレベーターに乗
るなどの不安に接近する行動を取ってはいたが，最も恐れる「車を運転する」
ことはまだ行えていなかった。しかし，価値の明確化の導入前後に，車の運
転を行うようになっている。

　不安症に対する介入においては，認知行動療法でもACTでも，不安へのエ
クスポージャーが中核的な要素となっている。そしてACTには，クライアン
トがこれを積極的に進めるための工夫が多数含まれていると言える。

●行動活性化療法／動機づけ面接

　行動活性化療法は，クライアントの自発的な行動頻度とレパートリーを増
大させ，それらの自発的な行動が生活のなかで強化を受ける経験を増やすこ
とを目的とする手続きである（Martell et al., 2001）。具体的には，①気分と

活動のアセスメントを行い，両者の関係を確認する。そして，②気分に左右されずに活動できるよう，活動を計画しスケジュールに沿って実施する活動スケジュールを行う。③回避行動のパターンを分析する。④回避行動に代わる行動を身につけるなどの手続きを行う。また，活動を通して気分を改善していくことを目指すが，その活動もスモールステップで簡単な活動からより価値のある活動へと進めていく。

　ACTと行動活性化療法はいずれも行動分析学を基礎とする心理療法であり，抑うつに対する有効性が示されている。また，基礎理論が同じでありながら行動活性化療法のほうが理解しやすく，ACT理解のための準備として行動活性化療法について知ることも有益である。

　動機づけ面接は，クライアントが両価性（ambivalence）を探求し解決するのを助けることによって，行動の変化を引き起こすための，指示的なクライアント中心のカウンセリングスタイルである（Hettema et al., 2005）。

　動機づけ面接では，動機づけがない状態を「変化することの利益と不利益が拮抗している」両価的状態であるとし，この状態はクライアントの言語行動に現れると考える。たとえば，「長生きするために禁煙したほうがいいと思うけど，ストレスが多くてなかなかやめられない」といった発言は，これを表すわかりやすい発言である。すなわち，「長生きするために禁煙したほうがいい」というのは変化の利益を表す発言であり，「ストレスが多くてなかなかやめられない」，すなわち，「禁煙したら，ストレスに対処できなくなる」は不利益を表す発言である。動機づけ面接では，前者は行動変容を促す言葉という意味でチェンジトークと呼ばれ，後者は現状維持を促す言葉という意味で維持トークと呼ばれる。そして開かれた質問，是認，聞き返し，要約という4つのスキルを使用して，チェンジトークを増加させ，「行動を変えます」といった変化を求める意思の宣言であるコミットメント言語を引き出す。

　動機づけ面接は行動分析学から生じた面接法ではないが，行動理論の影響を受けており，チェンジトークの頻度を増加させ維持トークの頻度を減少させるプロセスを分化強化によって説明している。また，手続きのうえで，本人の価値（観）を重視する点も共通している。

参考図書 ────────────────────────────────

- よくわかる ACT（アクセプタンス＆コミットメント・セラピー）──明日からつか える ACT 入門（ラス・ハリス［武藤 崇＝監訳］，星和書店，2012）

  ACTの入門書。題名が示す通り，シンプルに手早く ACT の概要をつかむことができ，実際の症例ですぐに使用できるメタファーやエクササイズが豊富に含まれている。

- 不安障害のための ACT（アクセプタンス＆コミットメントセラピー）（ゲオルグ・H・ アイファート＋ジョン・P・フォーサイス［三田村仰・武藤 崇＝監訳］，星和書店，2012）

  不安症に関する ACT の適用について書かれた専門書。ACT に関する説明だけではなく，歴史的変遷や従来の認知行動療法，特にエクスポジャーとの関係が丁寧に説明されている。

ACTを用いた心理教育プログラム（ACT Training）
北村琴美

このセクションの学習目標

❶この節で紹介する諸問題に対して，ACTが効果的だと考えられる理由を，具体的に述べることができる。

❷これまで標準とされた方法とACTのアプローチの方法との違いを比較しながら説明できる。

❸介入研究の論文を読み，そのデザイン，測定方法，結果などが適切であるかを論じられる。

　ACTの心理的柔軟性／非柔軟性モデルは，うつ病や不安障害などの疾病に対するモデルとしてだけではなく，QOL（Quality of life）やウェルビーイングなどの健康に対するモデルとして考えることができる。子育てや教育分野などで非臨床群に適用される場合，治療的な意味をもつセラピーという言葉ではなく，アクセプタンス＆コミットメント・トレーニング（ACT Training）と呼ばれる。トレーニングは一般的にグループ形式で実施され，参加者の多くは臨床的な援助を必要としない者であるが，臨床場面のセラピーと同様の要素を用いたアプローチがとられる。以下では，治療目的ではなく，主として予防や心理教育といった観点からのACTの利用について紹介する。

　子育ては最もタフな専門職のひとつと言われることもある。障害のある子どもを育てるのは，よりチャレンジングなものとなるだろう。なかでも発達障害の子どもをもつ親は，他の子育てとは違った課題を抱えている。発達障害のある子どもをもつ保護者は，定型発達の子どもをもつ保護者に比べて，より強い養育上のストレスを経験し，子育てに対する不安や慢性的な心身の疲労をより感じやすいことは広く知られている。子ども虐待の症例の53%に広汎性発達障害，注意欠如／多動性障害などの発達障害が認められたという報告（栗山，2008）からも，子育てにおけるストレスフルな状態がうかがえる。とりわけ母親は子どもの養育を主として担う場合が多いことから，ストレスにさらされる機会が多い。発達障害のある子どもを養育中の母親は，その子どもの父親や定型発達の子どもを養育中の母親に比べ，抑うつや不安の状態が高く，およそ4割にあたる母親の心身の健康状態が要治療域にあるとも言われている（芳賀，2008）。日本ばかりではなく海外の文献においても，発達障害（なかでも自閉症を伴う発達障害）の子どもをもつ保護者におけるストレスが高いことや，うつ病や不安障害の発症が多いことが確認できる。

　自閉症児を中心とした発達障害児をもつ保護者への支援は，これまで多岐にわたり実施されてきているが，なかでも，行動的なペアレント・トレーニングは重要な支援方法として位置づけられている。これは，対象児に対する具体的な養育スキルの獲得を目的とした支援プログラムであり，日本でも広く行われている。このトレーニングを受けることで，適切な子育ての知識やスキルを獲得できるだけではなく，保護者が抱えるストレスが軽減されたり，子どもとの相互関係が改善されたりする効果がもたらされることがわかっている。しかし，いずれの介入も親自身の心理的ニーズへの対処やメンタルヘルスの改善を主たる目標としているわけではない。

　発達障害児をもつ保護者への支援として，どのような方法がより効果的であるかを検討することを目的とした，Singer et al.（2007）のメタ分析の結果を見てみよう。このメタ分析では，集団による介入が行われた17の研究が抽

出され，行動的なペアレント・トレーニング（Behavioral Parent Training：BPT），認知行動療法に基づくトレーニング（Cognitive Behavioral Therapy：CBT），複数のプログラムを組み合わせたトレーニング（Multi-Component Intervention：MCI），それぞれの介入効果が比較されている。その結果，保護者のメンタルヘルスにより効果的であったのはMCIであるが，BPTも1つを除いたすべての研究でストレスの軽減が認められることが報告されている。行動的なペアレント・トレーニングは親のメンタルヘルスの問題を直接的なターゲットとするものではない。だが，親が適切な養育技術を身につけた結果，子どもや親子関係の変化が生じ，ひいてはメンタルヘルスの改善にも一定の効果を上げていると言えるだろう。一方で，日常生活で保護者にかかる心身への負担が大きく，保護者が支援プログラムからドロップアウトしたり，適切な養育技術を学んだとしても，それを日常で実施できなかったりすることは決して少なくない。保護者が適切な子育ての知識やスキルを学び，それを発揮できるようにするには，自身のストレスに対処する方法を，事前に身につけておく必要があると考えられる。

　保護者自身のメンタルヘルスの向上に焦点を当てた支援として，これまで用いられてきた介入方法のひとつが，CBTを中心としたものである。CBTとACTには多くの共通点が存在するが，私的事象（感情，思考，身体的感覚，記憶など）に対する治療・援助方略において決定的な違いがある。さまざまなCBTのアプローチがあるものの，これまでのCBTはいずれも，「問題」とされる思考や感情といった私的事象の内容や頻度を変化させ，情緒の安定や行動の修正を図ろうとしている点で一致している。一方，ACTは，問題とされる思考や感情などの私的事象の内容や頻度への直接的な介入は必要ないという見解から，私的事象の文脈に介入して認知の機能を変容させることに焦点を置く。障害をもつ子どもの親にとって，子どもや子育てにかかわる思考や感情の意図的な統制や抑制は非常に困難である。そのような場合，思考や感情の内容や頻度を変化させようとする従来のCBTの介入は，有効に働かないことも多い。それに対して，ACTはより良い効果をもたらすことが期待される。

近年，発達障害児をもつ保護者のメンタルヘルスの問題に対するACTの適用が検討されはじめている。ACTは，発達障害児をもつ保護者が抱えやすいメンタルヘルス上の問題を扱うのに適した心理療法だと考えられる。このような保護者の感情体験には特有の困難が伴う。発達障害は外見からその障害特性がわかりにくいため，保護者は障害認識における混乱や葛藤を抱えやすく，自責の念や罪悪感が繰り返される傾向にある（山根，2010）。また，子どもが示す理解が難しく，わかりにくい行動によって嫌悪的な思考や感情がしばしば引き起こされる状況に置かれている。周囲の無理解や批判的な態度によって，そのような思考や感情が増悪していくことも多い。そして，"子どもの困った行動をなんとか変えたい""周囲の人からダメな親だと思われたくない"という考えから，ペアレント・トレーニングで一生懸命，子育ての方法を学ぼうとするかもしれない。だが，果たしてそれで保護者の抱えていた問題は解決するだろうか。ペアレント・トレーニングにおける学習が不快な私的事象への対処としての試みであったとしたら，認知的フュージョンにより体験の回避が引き起こされていることになる。本書第3章で触れられているように，その状態では自身の価値に十分に接触できず，心理的に健康な人生につながる行動パターンを取ることが難しい。多くの保護者は，"家族で楽しい時間を過ごしたい""子どもに健やかに育ってほしい"などの願いをもっている。ACTが目指すのは，6つのコア・プロセスに働きかけることによって，そのような価値に向かって，生活のなかでコミットされた行為に従事することを後押しすることである。

　発達障害児をもつ保護者へのACTを用いた支援の有効性を検討している研究を見ていこう。Blackledge, & Hayes（2006）は，自閉症児をもつ保護者に対するACTの介入効果について，先駆けとなる研究を行った。自閉症児をもつ保護者20名を対象としてACTの介入効果を検討している。2回にわたる計14時間のワークショップ（以下，WS）が実施された。WSの特徴と目的が紹介された後，①価値の明確化，②創造的絶望，③脱フュージョン，④観察者としての視点の促進，というステップで進められた。WSの次の段階として，脱フュージョンの介入が再度用いられ，その際には，保護者が抱く不快な感

情や思考のアクセプタンスを促進するような体験的なエクササイズやメタファーが主に使われた。それから，自らのやりたいことを阻んでくる感情や思考が現れたときに，コミットされた行為を選択し実行するのに役立つエクササイズが紹介された。最後にもう一度，価値の明確化が，それに近づくための目標や障壁などを含めて，グループで共有された。WSの効果は，自己報告式質問紙尺度を用いて測定された。その結果，介入前の期間（3週間前と1週間前）には有意な変化はなかったが，介入前から介入後（1週間後）にかけては，抑うつ状態，一般的精神健康度，不安・恐怖症状の改善が見られた。また，介入前から3カ月後にかけても有意な改善が認められた。ACTを用いた介入において想定される治療的メカニズム（体験の回避と認知的フュージョン）を測定するための2つの尺度得点においても，同様の変化が見出され，自閉症児をもつ保護者のメンタルヘルス上の問題を扱ううえで，ACTが有効であることが示唆されている。Blackledge, & Hayes（2006）の研究の後，ACTのトレーニングが保護者にもたらす効果を検討した研究がいくつか発表されるようになった（たとえば，Javadi（2016））。複数の研究結果から，ACTを用いた介入によって不安や抑うつが有意な減少を示すとともに，心理的柔軟性の増加や体験の回避の低減が有意に認められ，ACTのアプローチを用いた介入がメンタルヘルスの改善に役立つことが示唆されている（自閉症児をもつ保護者に対するACTの研究動向についての詳細は，四宮・武藤（2016）を参照）。

　日本においては，菅野・谷（2013），Tani et al.（2013）が，自閉症児を含む発達障害児をもつ保護者を対象に，Blackledge, & Hayes（2006）と同様の1群事前事後テストデザインを用いた研究を行っている。いずれの研究でも，2回にわたって計10時間のWSが，10〜15名ほどのグループを対象に実施された。WSは，テキストブックとスライドを用いて進められた。ACTの「言葉の性質を学ぶ」「言葉と距離を置く」「価値を明確化する」という3つのステップで構成され，ACTの6つのコア・プロセスがエクササイズやメタファーによって体験的に学習された。多数出版されているACT関連の翻訳本にエクササイズやメタファーが豊富に紹介されているが，日本の文化的背景や対象

者の属性を考慮し，独自に作成・修正されたエクササイズやメタファーが加えられた。2回目のWSでは6つのコア・プロセスをより促進するために，参加者自身の子育て状況に類似するような具体的場面を取り上げ，それらと関連づけた形でWSが実施された。効果測定はWSの3週間前，1週間前，1週間後，3カ月後に行われた。その結果，抑うつや一般的精神健康度に有意な改善が見られたことが報告されている。一方で，不合理な信念の中核要素とローカス・オブ・コントロールには変化が生じなかった。

　不合理な信念の中核要素とは，その信念があると適切な感情反応ではなく，うつ，不安，激怒，自己憎悪，自己価値喪失感などの過剰で不適切な感情反応を起こしてしまう考え方を指している。たとえば，「外でこの子が人に迷惑をかけてはならない」という考えは，人は誰しも他人に迷惑をかける行動をする以上，不合理である。現実を無視した不合理な考えをもっていると，子どもが人に迷惑をかける行動を起こしたときに，過剰で不適切な感情反応を起こしてしまうのである。このような不合理な信念を修正して，適切な感情や行動をもたらそうとするのが，従来のCBTである。ローカス・オブ・コントロールとは，ジュリアン・ロッターが提唱した概念で，自分の行動をコントロールする所在が，能力や努力など個人の内部にあるとする内的統制と，運・課題の困難さ・強力な他者の行為など外部にあるとする外的統制とに分けられる。問題解決に向かう行動には，内的統制の認知が重要となると考えられている。しかし，ACTでは，私的事象（信念，思考，感情，身体感覚など）そのものの変容や抑制を目的とせず，それらをアクセプトするアプローチを取る。したがって，これら2つに変化が生じなかったことは，ACTのアプローチに沿った結果であると言える。介入の効果を検討するうえでは，その効果測定と同時に，介入が想定したプロセスをたどったものであったかを確認することが不可欠である。菅野・谷（2013），Tani et al.（2013）の研究では，提供されたWSが従来のCBTのような認知の変容を促す介入となってはいなかったことが確認されている。一方で，体験の回避，マインドフルネスなどのACTのプロセスを測定する尺度についてもその得点の変化がわずかであったことから，WSの成果がACTのモデル，すなわち心理的柔軟性を高

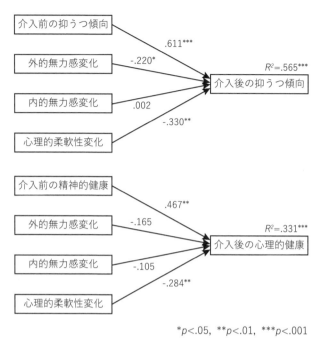

図4-1 階層的重回帰分析の結果（Tani, & Kitamura（2014）を改変）

めるプロセスをたどっているかについては，明確な証拠が得られていない。

　上記2つの研究を含む，発達障害児をもつ保護者を対象としたWSプログラムの有効性を検討した計4つの研究の概要が，谷（2017）によって報告されている。いずれの研究とも，おおむね同様の結果を示し，WS終了時点でメンタルヘルスの改善が認められている一方で，ACTのプロセスを測定する尺度得点はWS前後で変化していない。そこで，ACTのWSプログラムが狙いとしているプロセスを介して，一般的精神的健康度と抑うつ傾向の改善に寄与しているのかを検討するため，4つの研究の参加協力者77名のデータを用いた分析が試みられている。一般的精神的健康度（GHQ-28）と抑うつ傾向（BDI-II）の介入前後の変化量を従属変数とした，階層的重回帰分析の結果（図4-1），介入前のGHQ-28もしくはBDI-II，不合理な信念（外的無力感，

内的無力感：JIBT-R）の変化量を統制した後でも，心理的柔軟性（AAQ-II）の変化量が有意な予測因子となることが示された（Tani, & Kitamura, 2014）。このことから，WS プログラムは，障害のある子どもをもつ保護者の心理的柔軟性を高め，その変化がメンタルヘルスの向上につながっていると考えられる。

　これまで紹介した介入研究の多くでは，1 群事前事後テストデザインが用いられている。菅野・谷（2013）では，介入前から介入後にかけてメンタルヘルスの有意な改善が認められただけでなく，一般的精神健康度は介入前の期間にも有意に変化していたことが報告されている。WS への期待によって介入前にメンタルヘルスの改善の方向に得点が変化することはしばしば見られる現象であり，この研究デザインでは，そのようなバイアスを排除できないという限界がある。また，平均の回帰による変化によって効果があるように見えてしまう統計的な現象についても留意する必要がある。今後，ランダム化比較試験（Randomized Controlled Trial：RCT）を用いた研究が実施され，頑強な証拠の積み重ねが望まれる。また，個々の研究においては介入プロセスが明確になっていないことも課題のひとつとして残っている。菅野・谷（2013），Tani et al.（2013）では，ACT のプロセス評価の指標として，日本版 AAQ-II や日本版 FFMQ が用いられている。現在，日本において広く利用されているものではあるが，いずれも，大学生を対象として信頼性および妥当性の検討が行われたものである（Sugiura et al., 2012 ；嶋ほか，2013）。多様なサンプルを対象として測定の精度を確認することや，特定の対象（たとえば，発達障害児をもつ保護者）のアクセプタンスやマインドフルネスの状態をより適切に把握する，新たな尺度の開発をする必要がある。

　障害のある子どもを抱えた家族の時間的制約や労力を考えると，長期の継続が求められるセラピーやトレーニングプログラムは実用的とは言えないだろう。これまでに紹介したプログラムのほとんどは，短期間のグループ形式の WS であり（ACT の専門家 1 名がファシリテーターを務める場合が多い），ドロップアウト率は低い。参加者の WS の評価から社会的妥当性が高いこともうかがえる（たとえば，菅野・谷（2013））。WS の参加者は母親であるこ

とが多いが，父親やきょうだいなども含めた家族への支援としての視点をもちながら，日本社会により適したプログラムの構成要素の精選，プログラムの普及，有効性についての検討方法のさらなる発展が期待される。

● 支援者のためのACT

　医療，保健・福祉，教育場面で，援助や治療，指導や助言などのケアに携わる支援者に対してACTを適用する研究には2つの利点が考えられ，その効果を明らかにすべく研究が開始されている。

　第1に，これまでにACTは慢性的な痛み，不安障害，うつ病，薬物依存症，強迫性障害，PTSDなどの幅広い問題に適用され，その効果が確認されてきた。これらの問題を抱える人々と直接に関わる支援者がACTを学ぶことで，ACTの原理に基づくアプローチやスキル用いてケアを行うことができる。第2に，それらのアプローチやスキルは，支援者自身のセルフケアにとっても効果があると考えられる。心理臨床家，ソーシャルワーカー，教師，看護師のような対人援助職は，他職業と比べて精神的健康に負荷がかかるため，支援者自身の心身の健康を害することも多い。これらの職に就く人々のバーンアウトの問題は社会的関心事のひとつでもあり，バーンアウトを引き起こす要因や予防・治療的介入方法についての研究がこれまでに進められてきた。バーンアウトは，対人援助職者にとって不可避のストレス症状とも言われている。心身の激しい消耗感，援助対象者への積極的な触れ合いの回避，仕事への意欲や達成感の低下などがその特徴である（上野・山本，1996）。対人援助の職務の性質を理解するうえで注目されているのが"感情労働"の概念である。感情労働とは，職業上の必要性に基づき，自らの感情や感情表現を統制する必要がある労働のことを指す。これまでの研究から，感情労働は心身の不調や職務満足感の低下を引き起こしやすいことがわかっている（たとえば，Lewig, & Dollard（2003））。

　ACTのエクササイズを使って，対人援助職者のバーンアウトについて考えてみよう。対人援助職に就く人々には，援助対象者との相互作用のなかで

対象者に対する不満や苛立ち，怒りのような否定的な感情が生じることがあるだろう。「○○を考えないようにする」というエクササイズがある。○○に入れるものは何でも構わない。たとえば，"リボンをつけた猫"を考えないようにしてみてほしい。頭のなかに絶対に思い浮かべないように真剣に取り組むほど，"リボンをつけた猫"は頭のなかに登場することになるだろう。人間は，頭のなかに浮かんでくる思考をコントロールできない。○○のことを考えないようにすることそれ自体が○○を含んでいることになるので，頭のなかから追い払おうとするほど，結果的に考えたくないことに接触していることになる。

　対象者への否定的な思考や感情を打ち消そうとして，メンタルヘルス不調に陥る対人援助職者にも同様のことが生じている可能性がある。「ウェイトレスのエプロン」というエクササイズがある。ウェイトレスが着用しているエプロンに"私はテーブルに何も持っていかない"と書いてある。このウェイトレスの行動は，食事や飲み物をお客さんがいるテーブルに運ぶことである。このエクササイズを通して，考えは考えとして置いておき，考えとは違う行動ができることへの気づきが得られる。ストレスで身動きが取れなくなっている対人援助職者は，エプロンに書かれた文字を真に受けて，それが現実であると思い込んでいたり，書いてある通りに行動したりしてしまう状況に陥っているのではないだろうか。そうであるならば，アクセプタンスやマインドフルネスの技法を導入するACTは，支援者のメンタルヘルスの改善に効果的なアプローチであると考えられる。

　支援者にACTを用いた介入研究は広く行われはじめている。そのいくつかを紹介しよう。Bethay et al.（2013）は，知的障害者施設で働く支援者へのACTの介入の効果について，そのプロセスを含めて検討している。応用行動分析（Applied Behavior Analysis：ABA）の教育と組み合わされたACTワークショップ（ACT＋ABA条件）が実施され，統制群（ABAのみ条件）と比較された。20名がACT＋ABA条件に，18名がABA統制条件にランダムに割り当てられた。ACT＋ABA群では，ACTセッションが6時間，ABAセッションが3時間の計9時間，ABA統制群では9時間のABAセッションが，1回3時

間で3週にわたり実施された。WSの直前，直後，3カ月後に効果測定がなされた。WSの要素は，知的障害者施設における支援者が直面する困難な状況への対応を想定して構成された（たとえば，チャレンジングな行動に対する感情的反応への対処の仕方）。ACT＋ABA群ではバーンアウトと心理的苦悩の減少が示され，ABA統制群ではそのような変化は生じないだろうと予測されたが，全データを用いた分析の結果，その予測は支持されなかった。

　そのため，この結果に影響している可能性のある要因として，WSで学んだ事柄の実践の有無，WSを受ける前の心理的苦悩の程度を取り上げて，追加の探索的分析が行われた。WSにおける学習内容を実践した参加者28名（各群14名ずつ）のデータを用いた分析の結果，ACT＋ABA群はABA統制群と比較して，介入後に一般的精神健康度が有意に改善された。しかし，フォローアップ（FU）時点では，その効果は維持されなかった。続いて，WSを受ける前の一般的精神健康度の指標であるGHQ-12の得点がカットオフ値を上回っていたACT＋ABA群5名，ABA統制群9名のデータを用いた分析によると，ACT＋ABA群ではABA統制群よりも介入前後でGHQ得点が有意に減少を示し，これらの結果はFU時も維持された。ACT＋ABA群の5人中4人は，FU時にGHQ得点がカットオフ値を下回った（ABA統制群では9名中4名）。プロセスの指標として用いられた認知的フュージョンを測定する尺度得点にも変化が見られ，ABA統制群よりもACT＋ABA群で有意に得点が減少した。これらの結果から，ACTに基づいたWSはストレスレベルの高い対象者にとってより有効であるのかもしれない。メンタルヘルス状態が良好な参加者は，ACTを用いた介入前後によってその変化がわずかであり，統計的な有意差が見出されなかった結果は，他の研究でも報告されている。Bethay et al.（2013）は，ストレスレベルにかかわらず，より多くの参加者に介入の効果をもたらすには，個人の価値や価値に基づく行動の明確化に焦点を当てた，ACTのWSプログラムが有効ではないかと提言している。

　対人援助職者のメンタルヘルスの問題に関して，その準備段階のつまずきの予防にも，ACTが効果をもつ可能性を示している研究がある。対人援助職者のなかでも看護師のバーンアウトやメンタルヘルスの問題を扱った研究は数多くなされてきたが，すでに看護教育の段階から，ストレスが増加してバーンアウトに至る様子が見られるという。さらに，教育段階から実施された追跡調査の結果によると，教育の最終段階で健康状態の悪化や，専門的技能の準備不足などを報告した者は，同僚と比較して勤務1年目の職務の熟達度や，健康管理の質への関心が低く，たびたび辞職を考えることが明らかになっている（Rudman, & Gustavsson, 2012）。すなわち，教育段階でのストレスやバーンアウトが，臨床現場での1年目の勤務の遂行を予測すると言える。

　ACTの目的は症状の緩和や治癒ではなく自らの価値に基づく生活であることから，ACTを用いた介入は看護教育の初期段階における予防的介入にも効果的であると考えられる。Frögéli et al.（2016）は，その時期の学生を対象として，ACTを用いた介入の効果について予備的な検討を行っている。看護教育過程で生じるストレスに焦点を当て，1回2時間のグループ・セッションが6回（計12時間）実施された。介入内容には，ACT以外の行動療法に基づく理論や方法も含まれた（たとえば，コミュニケーションやアサーティブネスに関連する技法）。また，ストレスと関連の深い睡眠やエクササイズについての情報が，介入の一環として提供された。ACTの要素としては，ストレスフルな思考や感情の性質と，それらとの付き合い方（デフュージョンとアクセプタンス），価値の明確化，マインドフルネス・トレーニングが含まれた。統制群が設定され，無作為な研究対象者の割り当てを行っているが，Frögéli et al.（2016）が指摘しているように，介入群と統制群の総セッション時間が大きく異なるという問題がある（介入群の総セッション時間は統制群の2倍）。このような方法論的限界のため，介入効果の過大評価に留意することが必要ではあるが，統制群と比較して介入群では，介入後にストレスおよびバーンアウトが有意に軽減されただけではなく，体験の回避とマインドフルな気づ

きにも予測される変化が生じた（すなわち，体験の回避の減少，マインドフルな気づきの増加）。さらに，パス解析の結果，プロセス変数の体験の回避とマインドフルな気づきの変化が，アウトカム変数の知覚されたストレス，バーンアウトの変化を予測したことも報告されている。予防的介入の有効性が示唆される一方で，プログラムへの参加の動機づけが低かったり，ドロップアウト率が高いことが問題点として挙げられている。

●教師のバーンアウトとACT

　看護師と並んで教師のバーンアウト問題も，近年，深刻さを増している。経済協力開発機構（OECD）の「国際教員指導環境調査」（2018）の結果，日本の小中学校教員の1週間当たりの仕事時間は，48参加国中で最長である。しかしながら，職能開発活動に使った時間は参加国中で最短となっており，課外活動や事務業務などに費やす時間の長さが際立っている。文部科学省の公表（2013）によると，教職員の精神疾患による病気休職者数は，1992～2009年まで17年連続して増加を続け，それ以降も同水準で推移している。石川・中野（2001）が行った調査では，小・中・高校に所属する教師の半数以上が，日常の仕事のなかでストレスを「非常に感じる」あるいは「感じる」と回答している。

　教師には，教師像や児童・生徒像，学級運営，教育指導などにまつわる教師特有の信念（～すべき，～でなくてはならない）が存在すると考えられている。そして，教師のこれらの信念はしばしば強迫性を帯びるという（河村・國分，1996）。教師特有の不合理な信念とメンタルヘルスとの関係を指摘している研究は多数存在する。教師が抱く不合理な信念が教師自身の自然な感情表出を妨げることや（河村・國分，1996），不合理な信念が強いほど精神健康度が低くなる傾向（土井・橋口，2000）が報告されている。そればかりではなく，河村・田上（1997）では，教育実践に関する不合理な信念が相対的に強い小学校教師の学級では，他の教師の学級と比較して，児童のスクール・モラール（学習への意欲や学校生活の充実感）が低いことが示されてい

る。児童を認知する視点が多様性を欠いた状態で行われる教師の指導は，児童のスクール・モラール，ひいては学級集団の構造にまで影響を与えることが指摘されている（近藤，1988）。

アクセプタンスやマインドフルネスのアプローチが教師のセルフケアに有効であることを示した研究はまだ多くは見られないが，Gold et al.（2010）は，マインドフルネス・ストレス低減法（Mindfulness-Based Stress Reduction：MBSR）を用いたトレーニングを教師に行い，10名の参加者ほとんどが8週間にわたるMBSRコースへの参加後に，ストレス，抑うつ，不安の減少を示したと報告している。それと同時に，マインドフルネスの要素——観察すること，記述すること，今この瞬間に気づきながら行動すること，評価や判断をせずにアクセプトすること——が増大したことも確認されている。

日本ではTani, & Kitamura（2016）が，障害をもつ子どもの支援に携わっている教職員38名にACTのWSを提供し，ACTの知識やスキルの獲得ならびに参加者のメンタルヘルスにWSが及ぼす効果について予備的研究を行っている。その結果，WS後，参加者の約半数がACTの原理に関する知識テストにおいて，8割の正答を示した。心理的柔軟性とマインドフルネスを測定する尺度得点は，介入前後にかけての変化が有意な傾向を示したが，一般的精神健康度には有意な変化が見られなかった。しかし，マインドフルネスが精神的健康度に寄与すること，介入前に精神的健康度に問題を示していた参加者は介入により改善していたことが，追加された探索的分析によって確認された。この研究では，ACTの知識がどの程度WSによって獲得されたかを測定するために知識テストを取り入れているが，その得点と他のいずれの変数との間にも直接的な関連は見られなかった。このことは，知識を獲得するだけではACTのプロセスは促進されず，メンタルヘルスの問題の緩和にはつながらないことを示唆していると言えるだろう。このことからも，ACTではメタファーやエクササイズによる参加者の「体験的に理解される」手続きが重要となることがわかる。

これまでのところ，ACTに基づいた介入を教師に用いた研究は限られているが，教師のメンタルヘルスに対する効果を示す証拠が現れはじめている。

上述した教師特有の認知や信念の特性に鑑みると，教員のメンタルヘルスならびに児童・生徒との関係の質をより良いものとする，有効な手立てのひとつになると考えられるだろう。

　バーンアウトを経験し，精神的健康が悪化している支援者は，支援対象者との相互交流の頻度が低下し，ポジティブな相互作用が減少すると言われている。ここまで，ACTを用いた介入が支援者のメンタルヘルスの改善に役立つことを示した研究を紹介してきた。だが，ACTを学習した支援者が支援対象者に対してACTを適用した結果，支援者－支援対象者の関係にどのような変化が生じるのかを検討した研究は，非常に少ない。以下では，支援対象者側の変化を含めて，ACTの効果を検討している研究を紹介する。

●ACTの効果研究

　メンタルヘルス支援に関わる専門家（以下，セラピスト）に対するACTトレーニングが，専門家自身とそのクライアントの両者に与える効果を報告している研究が，Walser et al.（2013）によって行われている。アメリカ合衆国退役軍人省（Department of Veterans Affairs）による国家的な大規模研究として，うつ病に対するACT（以下，ACT-D）のトレーニングがセラピストとクライアントにどのような影響をもたらすかが調査された。参加者は6カ月間の訓練を受けた。訓練は，体験的なワークショップに続き，ケースのコンサルテーション（ケースについてのディスカッション，録音されたセッションの再検討，ACT-Dの特定のスキルを上達させるための指導）が実施された。6カ月間の訓練終了時，ACTのコア・コンピテンシーの基準を満たしたセラピストは391名中334名であり，訓練開始時と比較すると4倍以上に増加した（21％から96％へ増加）。

　WS開始前，WS終了後，コンサルテーション訓練後に，セラピストへの調査が行われた結果，一般的なセラピーの技能についての自己効力感はWS前後でわずかに下がったが，その後，有意な上昇が示された。ACTの技能についての自己効力感については，時期が進むごとに得点が上昇した。ACTに対

する態度は，WS前後で有意にポジティブな変化を示し，その後同様の水準が維持されていた。クライアントの効果測定は，ベースライン（最初のセッション前），3セッション後，中間地点（セッション7），最終セッション付近（セッション10あるいはそれ以降）で行われた。ACTのセッションが終結した505名中417名（83%）のデータを分析した結果，抑うつ傾向の低下，QOLの増大が有意に示された。また，ACTのプロセスに関わる心理的柔軟性とマインドフルネスにも有意な改善が示された。統制群がないことから明確な結論を引き出すことはできないが，ACTのWSとそれに続くコンサルテーションやフィードバックを含めたACTの訓練が，セラピストの技能および自己効力感を高め，クライアントの改善を促進することに寄与する可能性が示唆されている。

　これまで見てきた多くの研究では，自己報告式質問紙尺度への回答により効果測定が行われている。ここからは，行動観察による指標も取り入れているSingh et al.（2006）の研究を見てみよう。彼らは，発達障害者グループホーム（以下，ホーム）の職員を対象としてマインドフルネスに基づいたトレーニング（以下，MT）を行い，その効果について検討している。3つのホーム間マルチベースライン・デザインが用いられ，15名の職員が研究に参加した。最初に行動トレーニング（行動分析に基づくトレーニング），その後，MTが5日間の集中トレーニングとして，それぞれ提供された。ベースラインデータのデータの収集は，行動トレーニング実施前の4週間行われた。この期間の職員配置は，職員1に対し支援対象者2であった。行動トレーニングの終了後からMTを受けるまでの期間は，職員配置の割合を変化させた。3つの配置条件が終了した後に，MTが提供された。その後に2つの配置条件が続いた。ベースラインを含め6つの期間にわたり，以下の測定が行われた。ホーム利用者の攻撃的行動に対する職員の介入，個別支援計画に基づいた生活スキルに関する学習目標の達成，緊急の場合の身体的拘束の使用，利用者の家族や他者との相互作用，身体活動（買い物など，コミュニティでの活動）についてその回数が記録された。また，職員の仕事満足感，職員による支援行動の社会的な妥当性についてのデータも，各条件の最終週に収集された。

攻撃的行動に対する介入の数は，行動トレーニングの後にやや減少したが，いずれのホームでも臨床的に有意な変化ではなかった。MT後，その数は大きく減少し，1：3（職員1に対し支援対象者3）の最も職員配置の割合が低い最後の条件下で，最も低い値を示した。支援対象者の学習目標の達成をはじめ，その他の指標についても同様に，MT後に著しい改善が認められた。身体的拘束の利用は，行動トレーニング後に全体的に低下が見られたが，ホームによる差や職員配置の割合による変動が見られたのに対して，MT後には身体的拘束の使用がほとんど見られなくなり，最後の条件下ではいずれのホームでも一切使用されなかった。以上のように，行動トレーニング後に変化が生じるものも見られたが，MT後のほうがその変化がつねに大きく一貫していた。加えて，行動トレーニングの効果は職員配置の割合が高い条件のみで見られたのに対し，MT後には低条件下においてもその効果が継続された。プロセスを測定する尺度が使用されていないため，MTが顕著な変化を生み出した過程が不明であり，今後の研究による解明が待たれる。

　マインドフルネスの実践方法は一般に，①感覚，思考，感情などの私的事象に，今この瞬間に注意を向けること，②それらを排除しようとしたり変化させようとしたりすることなく，そのままにしておくことと，これら2つから構成される（熊野，2012）。すなわち，注意の操作と気づき，私的事象への関わり方の変化が含まれている。この意図的に反応している心理的モードは「being」モードと呼ばれ，その反対に自動的に反応している心理的モードは「doing」モードと呼ばれている（Segal et al., 2002）。「doing」モードは，仕事に関する技術的な問題解決には非常に合理的な解決の方法を提供し，うまく機能すると考えられているが，このモードでうまく問題に対処できない場合も存在し，その場合にはモードの切り替えが役立つという（北川・武藤，2013）。支援のための知識やスキルの学習に，マインドフルネスの促進技法が加わることによって，問題解決の方法だけではなく，両モードを柔軟に切り替える方法を身につけることができ，より良い支援の提供が実現される可能性があるだろう。

　ここまで，多様な対人援助領域における援助者に対するACTやMTの効果

を検討している研究を概観してきたが，それらの多くは国外で実施されたものである。先にも述べた通り，日本においても，対人援助職者のメンタルヘルスの問題は社会的な関心を集めており，同時に，学問的に重要なトピックのひとつでもある。国内のバーンアウト研究の動向をまとめている，上野・佐藤 (2010) によると，NII論文情報ナビゲーター (CiNii) による論文検索の結果（キーワードは「バーンアウト」「燃え尽き症候群」），1996〜1999年においては年間15本程度（合計61本）であったのが，2000〜2010年になると年間平均およそ38本（合計415本）と増加している。この時期，論文の増加とともに研究対象の広がりも見られている。看護師や教師といった今までの研究対象から，医師や理学・作業療法士，保育士・幼稚園教員など多様な対人援助職者がその研究対象に含まれるようになった（上野・佐藤，2010）。バーンアウト発症のリスク要因や保護要因の同定（ソーシャルサポート，コーピング方略，性格特性など）や，バーンアウトに至るプロセスについてのモデルの検討（たとえば，荻野ほか (2004)）などの基礎研究は多く行われるようになったが，メンタルヘルスの予防や改善に関した介入的見地からの実証的検討は非常に少ない。看護師管理職を対象としたアサーティブ・トレーニング（鈴木ほか，2009），教師同士のサポートグループ（曽山・本間，2006），認知療法を用いたプログラム（三沢・犬塚，2007），副次的感情の筆記開示（関谷・湯川，2012）など，いくつかの介入研究が試みられている。しかし，一定の効果が確認されるにとどまっている。支援者のメンタルヘルスの問題に対して，先行研究でその有効性が示されている方法とACTを比較検討する研究が今後は必要となるだろう。また，ACTによるトレーニングを受けた支援者が学習したアプローチやスキルを用いて援助を実践することを想定する場合，トレーニングは単発ではなく，ある程度継続されて提供されることでより効果を上げると考えられる。その実現のためには，中・長期的なプログラムの開発や，それを維持するシステムの構築が求められる。

●先延ばし

　レポートや書類の提出など，取り組む必要がある物事を先送りする現象は**先延ばし**と呼ばれる。Steel（2007）は，先延ばし行動を「行動を遅延させることにより，事態のより一層の悪化が予想されるにもかかわらず自発的に遅らせること」と定義している。なすべき物事を後回しにすることは誰しも時々あるが，その行為が重大な心理的苦痛を引き起こすことは滅多にない。しかし，この先延ばし行動が日常生活を妨げるほど持続的な行動パターンとなる人々がいる。慢性化した先延ばし行動は，学業不振，身体的・心理的健康，ウェルビーイングの低下などと関連することから，アメリカでは高等教育における先延ばし行動が蔓延している状況が危惧され，先延ばし行動に関する研究が数多く行われている。

　Steel（2007）のメタ分析によると，行動に対する報酬や罰のタイミング，取り組むべき物事に対する嫌悪感情，不合理な信念，自己効力感や統制感，セルフ・ハンディキャッピングなど，さまざまな要因が先延ばしと関連している。しかし，先延ばし行動を引き起こし，維持する要因は何かを検討している研究はまだ多くない。ひとつの代表的な考え方は，時間管理ができないことが先延ばし行動を引き起こすとするものである。そこで，先延ばし行動への介入として，タイムマネジメントやセルフマネジメントのスキルを増大させることに焦点を当てた方法が取られてきた。しかし，これらのスキルの習得が先延ばしを減少させることを支持する証拠は限られている。

　一方，先延ばし行動は，否定的な感情や認知を回避する行動としての機能をもつと考える立場がある（Scent, & Boes, 2014）。先延ばし行動が不安などの望まない私的事象と関係していることを支持する研究は，さまざまに存在する。取り組むべき課題に関連する不安，否定的な評価への恐れ，失敗への恐怖などと先延ばし行動の間に関連が認められることがわかっている（たとえば，Beck et al.（2000））。また，Tice et al.（2001）の研究結果からは，私的事象の変化や統制は不可能であることを受け入れている者のほうが，そうでない者と比較したときに，先延ばし行動が生じにくいことが示唆されている。

タイムマネジメント（Time Management : TM）のスキル訓練が，結果として不快な感情や考えを回避，低減するために行われる場合がある。その場合には，これは体験の回避となる。気分転換のための余暇活動や休憩を取ることは，学業ストレスに対処するのに効果的な方法であるが，これらの活動を不快な体験を避ける目的で求める者は，かえって心理的苦痛が増す（Patry et al., 2007）。同様に体験の回避として TM が用いられると，それは短期的には有効かもしれないが，長期的には苦悩を増大させるだろう。先延ばし行動は，ACT の観点からは心理的非柔軟性の状態と捉えられる。すなわち，失敗への恐れや自己効力感の低さ，取り組む必要がある事柄への嫌悪といった，否定的な思考や感情を避けようと，行動を遅延している状態であると言える。先延ばしにしている事柄に関して認知的フュージョンがしばしば生じ，価値の混乱もよく見られる（学生であれば，"レポートを提出する"や"大学を卒業する"などのゴールについて，何のために達成するのかという価値を，自分自身で選択できない）。このような先延ばし行動の繰り返しに，ACT は回避的な対処に代わる新たな対処法を提案できると考えられる。それを支持するような証拠も，いくつかの研究で得られている。

　Glick et al.（2014）は，心理的柔軟性と先延ばし行動との間の関連を検討するために，大学（院）生を対象とした質問紙調査を行っている。階層的重回帰分析の結果，特性不安を統制した後も，マインドフルネス（気づきをもって行動すること，記述すること）は，先延ばし行動に有意に寄与することが確認された。このことは，心理的柔軟性が先延ばし行動の軽減に貢献していることを示唆している。また，Scent, & Boes（2014）は，大学生の先延ばしを改善するために，ACT を用いた研究を実施している。90分の ACT のワークショップが2回提供され，先延ばし行動への対処が3つのステップで教えられた。まず，先延ばし行動が体験の回避であることへの気づきが目的とされた。次に，不快な体験があるときでも行動のレパートリーを拡大することが伝えられた。最後に，価値に沿った行動を動機づける目標の設定と，長期的な価値に意識的に接触することが教えられた。WS の効果として，参加者の心理的柔軟性の向上と先延ばし行動の減少が報告されている（ただし，論

文中に実証的なデータの記載はない）。

　先延ばし行動に対して従来行われてきたTMのスキル訓練よりも，ACTは有効な効果をもたらすと言えるのだろうか。Glick, & Orsillo（2015）は，TMを用いた介入とACTに基づく介入プログラム（Acceptance-Based Behavioral Therapy：ABBT）の効果を比較している。介入は20分間のオンラインビデオによるものであった。最終的なデータには118名の参加者が含まれた。TM群では，よくあるTMの失敗の理由が説明され，課題達成のための時間管理を身につけることを目的とした方法が紹介された。ABBT群では，感情や体験の回避の機能，マインドフルネスの実践や学業に関する価値を明確化することの利点が紹介され，不快な思考や感情をもちながら価値に基づいた行動をすることが推奨された。先延ばしの測定については，特性的，行動的な側面をそれぞれ測定する指標が用いられた。加えて，不安，心理的柔軟性，学業の価値についての尺度によって，ACTのプロセスが測定された。その結果，特性的，行動的，いずれの先延ばしに関しても，両群間で統計的に有意な差は見出せなかった。しかしながら，学業に関する価値の高い学生は，ABBTの介入を受けることによって，行動的な先延ばしが減少することが示唆された。

　同様に，学業の先延ばし行動を減少させることを目的として，Wang et al.（2017）は，ACTとCBTの介入効果の比較を行っている。彼らは，先延ばし行動を引き起こしやすいパーソナリティ特性として神経症傾向に注目した。その特徴として，ネガティブな出来事や体験に対する過敏さが顕著であることから，不快な私的事象のアクセプタンスを促進し，心理的柔軟性を向上させることを重視するACTが適していると考えた。学業の先延ばしに関する尺度とNEO-PI-R人格検査への回答を求め，両尺度の得点が平均を上回った者を抽出し，ACT群（12名），CBT群（19名），統制群（21名）にランダムに割り当てた。各介入群は，3時間のセッションに8回参加した。CBT群では，歪んだ認知への気づきと認知再構成や，リラクセーション，時間の見積もりの練習，TMスキル，目標設定の方法などが教えられた。ACT群では，ACTの6つのコア・プロセスに関わる体験的エクササイズやメタファーが実施された。

分析の結果，ACT群とCBT群のいずれにおいても先延ばし行動に対する介入効果が認められた。ただし，ACT群では，介入前後での効果に加え，介入後からフォローアップ（FU）にかけて有意な減少を示したのに対し，CBT群では介入後とFUとの間に差が見られなかった。神経症傾向においては，ACT群においてのみ有意な変化が示された。また，TMスキルに対する介入効果を見たところ，CBT群では介入前後で有意な増加が示された。介入後とFUとの間の変化は有意ではなかったが，増加傾向を示した。一方，ACT群では，介入前後では有意に増加したが，FUでは減少傾向が見られた。これらの結果から，長期的な効果がACTによる介入効果の特筆すべき点のひとつとして，これまでに報告されており，先延ばし行動に対しても同様の効果がもたらされることが示唆されたと言える。また，ACTは神経症傾向に，CBTはTMスキルにより良い効果を示す傾向にあったことから，ACTとCBTの作用機序が異なる可能性が考えられるだろう。

　日本における先延ばし研究を概観すると，その多くは先延ばし行動と関連する要因を探索する相関研究であるなか，先延ばし行動をもつ大学生に対し，ACTに基づいた心理教育を実施した症例報告が発表されている（谷，2016）。谷（2016）は，事例研究による実践により，多人数を対象としたプログラムを開発する際に必要な要素を検討できると考え，実証的なデータに基づいて，その効果について検討を行っている。症例では，先延ばし傾向が強い男子大学生1名を対象として，先延ばし行動に対する1対1の学習会が5回行われた（1回につき約1時間）。学習会では，次の4つのステップで心理教育が提供された。①先延ばし行動の機能の分析と体験の回避についての学習，②体験の回避を促進している言語的な関係からの脱フュージョン，③体験の回避の代替行動としのマインドフルネス・エクササイズ，④価値の明確化と価値に基づく行動。その結果，ベースラインと比較して，学習終了時点では先延ばし行動，心理的非柔軟性の得点は減少し，マインドフルネスの得点は増加した。また，課題遂行の自己記録として作成した「先延ばししている課題」のリストによると，課題の遂行状況は第3回目の学習会以降は，課題に取り組むことが増えていた。

この事例では，先延ばし行動を促進する複数の関係づけ反応（たとえば，先延ばししている課題に伴う不快な私的事象は，自分のやりたい行動を妨害するという等位の関係）に対して，脱フュージョンの技法が用いられ，その言語的な内容ではなく，関係づけの変容が促進されることで，対象者は不快な感情や考えと価値づけられた行動は両立することを体験している。また，マインドフルネスの取り組みによって，感情や考えは変化していくという体験も引き起こされている。このようなACTのアプローチは，従来のTMやセルフマネジメントを指導する戦略とは機能的に異なる。谷（2016）は，ACTに基づく心理教育を「『先延ばししている課題』を自身の価値に基づいて，『するか，しないか』を自己選択していくことの学習」であるとしている。

　従来の先延ばし行動への対処で用いられる方略では，先延ばし行動は，競合する活動からの能動的な選択と捉えられる。そこで，先延ばし行動を減少させるためには，コミットメントする活動の選択肢の数を制限することが強調され，行動を妨げる可能性のあるものを除去するために，刺激コントロールが用いられることもある。たとえば，コンピューターやスマートフォンの電源を切る，気を逸らすものやその他の誘惑がない場所を利用するなどである。このようなスキルの学習や，TMおよびセルフマネジメントだけでは，先延ばし行動を減少させるのに十分ではないことが示されている。だが，ACTのアプローチを組み合わせて用いることで，教えられたスキルを自身の価値に基づいて利用し（あるいは利用しないことを選択し，他の方法を選択する），長期的な効果をもたらすことが可能かもしれない。

　先延ばし行動が蔓延している大学生にとっては，当面の課題のみならず将来の就労を考えるうえでも，先延ばし行動への対処が望まれるだろう。一般的に，先延ばし特性の高い者は，健康を維持しようとする行動を後回しにすることから，支援を自ら求めることが少なく，介入の開始が遅延し，苦痛が悪化する傾向にあると言われている（Glick et al., 2014）。プログラムの効率化という点からも，今後は，多人数を対象としたACTのモデルに基づいた支援プログラムの開発が求められる。

研究者紹介──ジョバンニ・ミセリ (*Giovanni Miselli*)

ACTのコミュニティのなかで，私が最も付き合いが長いのがジョバンニです。彼もまた，ACTを使って障害のある保護者の支援や，障害のある子どもたちの支援を行っています。私とは20歳近く年が離れているのですが，大切な友人の一人で，家族ぐるみの付き合いが続いています。2014年の自閉症スペクトラム学会の招待講演では，素晴らしいスピーチとワークショップを行ってくれました。ミュンヘンでのACBS 13rdでは私と2人でワークショップを行ってくれましたが，英語に不安がある私をいつもサポートしてくれました。

　彼は素晴らしい臨床スキルをもっていて，とてもスムーズにセラピーを進めていきます。彼がスーパーバイズを行っているクレモナにある施設を訪れたときには，そこで暮らすたくさんの障害のある人たちが，彼の顔を見ると，「ジョバンニ，ジョバンニ……」と笑顔で声をかけていました。それも，彼の優れた臨床スキルの成果のひとつでしょう。低年齢の子どもたちの通うセンター（私立の療育センターのようなところ）にも，訪問させてもらいました。彼はそこでもスーパーバイズを行っているのですが，そこで働く先生たちの技術は素晴らしいものでした。弁別刺激の出し方，プロンプトの使い方など，機会利用型指導をうまく取り入れて指導をする姿は驚きでした。

　彼はプライベートでもたびたび日本に来ています。京都に来るときには必ず連絡をくれるので，いろいろな話をしながら一緒に遊んでいます。

（谷 晋二）

● 健康な食習慣

　ACTは我々にとって馴染みのある行動を改善するのにもさまざまに役立つ。前項で紹介した先延ばし行動もそのひとつだろう。ここでは，「食」に関する行動について見ていきたい。近年，食にまつわる問題への関心は高まりつつある。たとえば，子どもの偏食，思春期女子の過剰なやせ願望，大学生の朝食欠食習慣，中高年男性の肥満などが挙げられる。すでに見てきた通り，ACTのモデルは，QOLやウェルビーイングなどの健康に対するモデルとして適用可能である。したがって，ACTは健康な食行動の維持・増進にとっても，効果的な方法であると考えられる。

　2005年に食育基本法が成立して以降，食の意識や行動への介入を検討した研究が急激に増加している。たとえば，児童・生徒に対する栄養プログラムや大学生への健康な食に関する情報提供が，食生活習慣，食行動や意識・態度に与える効果について検討した研究が見られる（森脇ほか，2018；野間ほか，2018）。これらの研究で用いられている介入方法は，バランスの良い食事についての教育・指導，食や健康に関する情報提供，行動科学の理論をベースとしたものなどさまざまであり，それぞれの介入方法についての実証的なデータも十分とは言えない。摂食障害，肥満症や糖尿病などの治療に関わる食行動や食習慣の問題についての研究知見は積み重ねられているが，非臨床群を対象とした健康的な食習慣についての研究は緒についたばかりである。以下では，健康な体重維持を中心とした食行動の問題の予防における，ACTの効果を検討した研究を紹介する。

　食行動のなかでも肥満は世界的に大きな問題となっている。とりわけ欧米における肥満率は高い。我が国においても生活習慣病発症に関連するリスク要因であることから，その予防や治療の一環として体重コントロールの重要性が指摘されている（日本肥満学会肥満症治療ガイドライン作成委員会，2006）。これまでの国外の研究は，肥満については食事・運動に行動療法あるいは認知行動療法を組み合わせた治療が，減量とその後の短期的な体重の維持に効果があることを示しているが，長期的には維持されず，数年以内に

ほとんど全員が元に戻ってしまうという問題があった。そこで，近年，ACTを用いたアプローチの有効性が検討されはじめている。

　ACTの立場から肥満や減量維持困難について考えてみよう。これらの人々は，ダイエットを始めよう，あるいは減量した体重を維持していこうとする際に生じる思考や感情（たとえば，"自分は痩せにくいからダイエットは無理""すぐに元の体重に戻ってしまうのではないか"など）にとらわれやすい状態にあると言える。そのような考えに支配されることで（認知的フュージョン），減量のために今やっていることが無駄に思えて，「今この瞬間」に生じている事柄に注意が向けられなくなる（非柔軟な注意）。そして，本人にとって不快な思考や感情を打ち消したり，変えようとしたりする回避行動が生じる（体験の回避）。たとえば，自分が太っていることを意識しないで済むように鏡を見ない，体重計に乗らないというような行動が生じることになる。また，体験の回避として，自己防衛や自己正当化（たとえば"太っていてもこれまでずっと健康だったから大丈夫"や"美味しく食べられることが幸せ"など）によって，食事に気をつけたり運動に取り組んだりというような行動パターンが生起しにくくなってしまう。"体重を減らす（または維持する）"というゴールを達成したいという思いの背後で，価値の混乱が生じている状態でもある。ACTのアプローチでは，減量を目指すのではなく，本人が選択した価値の方向への歩みを援助する。以下，肥満と関連する問題にACTの介入を用いた研究について紹介していきたい。

　Forman et al.（2007）は，特定の食べ物を無性に食べたくなる「食物渇望（food craving）」への対処について，2つの方略の有効性を比較している。ひとつは，ディストラクションや認知再構成のようなコントロールに基づく対処方略，もうひとつが体験的なアクセプタンスやデフュージョン技法を用いた方略であった。食物渇望への対処は，減量した体重の維持や，健康的な食習慣を保つうえで不可欠であると考えられている。大学生98名にいくつかのチョコレートの入った透明の箱を渡し，48時間チョコレートを食べずに，その箱を目に見える範囲に置くよう教示した（他のどんなチョコレートを含んだ食べ物も，その時間内には一切食べないよう伝えた）。チョコレートは食物

渇望の代表的な食べ物である。参加協力者は，チョコレートを受け取る前に，先に述べた2つの方略を教える各群に，介入なし条件を加えた，3つの条件群のいずれかにランダムに割り当てられた。

コントロールに基づく対処方略群（CBC群）では，思考や感情，感覚，渇望は自分でコントロール可能であるという前提に立ち，チョコレート渇望から注意をそらすのに役立つスキルが教えられた。また，"チョコレートを食べちゃえ！"とそそのかしてくる「自動思考」が出てきたら，そのような考えを論理的に追い払えるような準備をしておくよう伝えられた。アクセプタンスに基づく対処方略群（ABC群）の参加者は，食べたいのに禁止されている食べ物を欲する気持ちは，自分ではコントロールできないことが教えられた。渇望のようなコントロールできない内的な体験を抑圧したり，排除したりする試みは，渇望をもっと強めて苦痛を増すことになるだけだと知らせ，アクセプタンスの原則に沿った方法で対処することが勧められた（すなわち，内的な体験にただ気づき，それをあるがままに受け入れる）。いずれも介入時間は30分であった。アドヒアランスの確認のために，48時間経過した後に，参加協力者が実験期間中に用いた主な対処方略の記入を求めた。食べ物からの心理的影響の受けやすさ，チョコレート渇望状態，チョコレートを食べた数が測定された。介入の効果は，ベースライン時における食べ物からの心理的影響の受けやすさの水準によって異なることが示された。ABC群の参加者のうち，その水準が高い参加者はより良い効果（実験期間中の渇望状態と食べたチョコレートの数）が得られていた。しかし，食べ物からの心理的影響の受けやすさの水準が低い参加者は，CBC群においてより良い効果が見られた。食べ物の誘惑に勝てずに肥満の問題を抱えている人々にとって，アクセプタンスに基づく介入がより有効性を発揮するのかもしれない。ただし，この研究においてチョコレートを食べた学生の人数は全体の10％程度と低く，設定された実験手続きで十分な渇望状況が作り出されていたかという点については，再考する余地があるだろう。

肥満は健康上の問題だけではなく，特に女性の場合は，自身の体型への悩みや不満をしばしば引き起こす。Pearson et al.（2012）は，ボディイメージ

への不満足感と乱れた摂食態度の問題に対する，ACTの1日ワークショップ（WS）の効果について検討している。ボディイメージに対する不満足感や，体重や体型についての否定的な評価によって，多くの女性たち（摂食障害などの治療対象ではない非臨床群）に長期の苦痛がもたらされていることが，この研究の背景にある。自身のボディイメージに不満をもつ女性73名がワークショップ群（WS群）またはウェイティングリスト・コントロール群（WL群）にランダムに割り当てられた。8時間のWSのなかで，ACTの代表的な要素——創造的絶望，コントロールこそが問題／ウィリングネス，マインドフルネスとアクセプタンス，価値の明確化，価値のバリア，コミットされた行為——が取り上げられた。

　両群の参加者には，WS開始前から開始後にかけて複数の質問紙によるアセスメントが行われた。WS群の2週間のフォローアップ期間終了後に，WL群にワークショップが提供された。WS終了後，摂食態度，身体（ヒップ，ウエスト，脚，腕）に関する不安，食べることや体型へのとらわれは，両群で改善を示した。介入前のWL群と比較して，ACT群は，身体に関する不安の低下と，アクセプタンスの上昇が有意に見られた。予備的研究ではあるが，1日8時間という1日限りのWSが，ボディイメージに関連した乱れた摂食態度や苦痛を体験している多数の女性たちに適用できることが示唆されている。

　適正な体重の維持に対する短期間のACTのWSの有効性を示した研究は，ほかにも存在する。Lillis et al.（2009）は，減量プログラムを終えた人々を対象に，1日5時間のACTのWSを提供し，体重維持に対する効果をウェイティングリスト・コントロール・デザインによって検討した。その結果，3カ月後のフォローアップ時点で，ACTの介入を受けた参加者にはさらなる体重の減少が認められたのに対し，WL群では増加を示し，ACT群の参加者において体重が維持された，あるいは減少した割合が有意に高かった。加えて，ACT群では，QOLの改善，心理的苦痛とセルフ・スティグマの低下が有意であったことも報告されている。別の類似の研究では，2時間のACTのWSを受けた介入群と無介入の統制群（減量に取り組んでいる女性）の比較により，減量に対するACTの効果を検討している（Tapper et al., 2009）。介入から6

カ月後，統制群と比較してWSの参加者は，身体活動への取り組みが有意に多かった。そのなかでもWSで学んだACTの原理を使っていたと報告した者は，そうしなかった者と比較して，2.3kgの体重の減少が示された。いずれも小規模な研究ではあるが，1日あるいはそれ以下の短期のグループ介入の形態であっても，ACTを有効に適用できる証拠が示されている。

Lillis, & Kendra（2014）は，従来の肥満への標準的な治療方法（Standard Behavioral Treatment：SBT）とACTとの違いを整理している。彼らの記述をもとに，その要点を紹介したい。まずは，標準的な方法について簡単に振り返ってみよう。SBTでは，第1世代の行動療法のさまざまな技法を用いて，不適応行動（たとえば，ハイカロリーな食べ物の摂取，座りっぱなし）を減じ，健康的な行動（たとえば，カロリーを制限した食事，運動）に置き換える。SBTの2つの主要な要素は，セルフモニタリングと目標設定である。食事，エクササイズ，減量についての目標が与えられ，その経過をモニターすることが教えられる。SBTのもうひとつの要素として，健康的な行動を生じやすくする環境調整がある（たとえば，食べ過ぎを防ぐために，手の届く範囲にお菓子を置かない）。加えて，SBTでは認知的な介入（一般的に第2世代の行動療法と呼ばれる）も用いられ，目標とする行動に取り組むために，不適応な思考や感情を変容することが教えられる。たとえば，思考中断法が食物渇望に対処するのに用いられたりする。SBTではしばしば「技法を教授する」方略（Lillis, & Kendra, 2014）が用いられると言えるだろう。

ACTとSBTの間の違いはどこにあるのだろうか。そのひとつは，介入目的の設定の違いにある。SBTでは，全体的な目標は減量あるいは体重の増加を防ぐことであるのに対し，ACTでは，自分の価値の方向へと行動をすることである。ACTの視点からすると，減量すること自体は価値ではない。それは，価値づけられた人生を歩んでいくうえでの，ひとつの通過点に位置するものと捉えられる。先に紹介したLillis et al.（2009）の研究においても，苦痛を引き起こしている体重や体型へのとらわれより，むしろ個人の生活や人生をより豊かにすることを，ACTのWSの目的としていることが記されている。大屋・武藤（2011）は，肥満の改善に必要となるセルフマネジメントを困難

にする要因として，連鎖的に形成された摂食行動と希望する体重などの変化が即時的に得られないことにより，生活習慣改善への動機の形成と中・長期的な食事や運動行動の改善が難しいことを挙げている。その困難を改善するためにACTによる肥満治療を提案している。それによると，ACTを用いることで単なる肥満の治療ではなく，より高いQOLの実現を追究していくことができることが示唆されている。

　SBTの「技法を教授する」方略に対し，ACTでは行動に内在化された動機づけという点を強調する（Lillis, & Kendra, 2014）。たとえば，「太っていることで自分に自信がない，もっと自信をもちたい」のであれば，もっと自信がついたらどんなことをしたいのかを，クライアントに尋ねるかもしれない。体重や体型の変化を待つのではなく，価値づけられた今やりたい行動への取り組みに焦点を当てて介入を進めていく。価値が明確になると，価値と矛盾する行動は不快な私的事象に対処しているだけで役に立たないと気づけるようになる。

　もうひとつのACTとSBTの違いとして，ACTは行動の形態よりその機能をより重視すると一般的に言われる（Lillis, & Kendra, 2014）。たとえば，クライアントが前の週に運動をしなかったとしたら，SBTでは，運動しやすい環境設定をする，うまく運動時間を確保できるようタイムマネジメントの方法を教えるなど，具体的な問題解決法を考えていくかもしれない。一方，ACTでは，運動をせずに他の行動をする（たとえば，スマートフォンで動画を見る）ことは，不快な身体的感覚や，思考や感情を避けるという機能をもっていないかという観点から行動を見る。それは運動をすることのバリアとなっているものに対する新たな視点を，クライアントにもたらすことになるだろう。

＊

　本節では，障害のある子どもをもつ家族のメンタルヘルス，支援者のためのACT，先延ばし行動，食習慣に関連する問題に対するACTのモデルの適用について概観してきた。診断横断的アプローチであるとされるACTは，診断名のつかない，しばしば非臨床群で見られる上記のような問題を扱うのに適

していると考えられる。潜在的に苦しんでいる多くの人々にACTが提供されるためには，それぞれの問題を扱うのに最適なプログラムの開発と，その効果を検討するランダム化比較試験（RCT）の蓄積が求められる。これまでに一定の効果をもたらしてきた標準的な方法とACTを組み合わせた介入もまた，支援を求める人々に利益をもたらす可能性があるだろう。

文献

APA（2013）DSM-V Diagnostic and Statistical Manual of Mental Disorders. 5th Edition. American Psychiatric Association.

Beck, B.L., Koons, S.R., & Milgrim, D.L.（2000）Correlates and consequences of behavioral procrastination : The effects of academic procrastination, self-consciousness, self-esteem and self-handicapping. Journal of Social Behavior and Personality 15-5 ; 3.

Bethay, J.S., Wilson, K.G., Schnetzer, L.W., Nassar, S.L., & Bordieri, M.J.（2013）A controlled pilot evaluation of acceptance and commitment training for intellectual disability staff. Mindfulness 4-2 ; 113-121.

Blackledge, J.T., & Hayes, S.C.（2006）Using acceptance and commitment training in the support of parents of children diagnosed with autism. Child & Family Behavior Therapy 28-1 ; 1-18.

土井一博・橋口英俊（2000）中学校教師におけるイラショナル・ビリーフと精神的健康との関係．健康心理学研究 13-1 ; 23-30.

Eifert, G.H., & Forsyth, J.P.（2005）Acceptance and Commitment Therapy for Anxiety Disorders : A Practitioner's Treatment Guide to Using Mindfulness, Acceptance, and Values-based Behavior Change Strategies. New Harbinger Publications.（ゲオルグ・H・アイファート＋ジョン・P・フォーサイス［三田村仰・武藤 崇＝監訳］（2012）不安障害のためのACT（アクセプタンス＆コミットメントセラピー）．星和書店）

Forman, E.M., Hoffman, K.L., McGrath, K.B., Herbert, J.D., Brandsma, L.L., & Lowe, M.R.（2007）A comparison of acceptance-and control-based strategies for coping with food cravings : An analog study. Behaviour Research and Therapy 45-10 ; 2372-2386.

Frögéli, E., Djordjevic, A., Rudman, A., Livheim, F., & Gustavsson, P.（2016）A randomized controlled pilot trial of acceptance and commitment training（ACT）for preventing stress-related ill health among future nurses. Anxiety, Stress, & Coping 29-2 ; 202-218.

Glick, D.M., Millstein, D.J., & Orsillo, S.M.（2014）A preliminary investigation of the role of psychological inflexibility in academic procrastination. Journal of Contextual

Behavioral Science 3-2 ; 81-88.

Glick, D.M., & Orsillo, S.M.（2015）An investigation of the efficacy of acceptance-based behavioral therapy for academic procrastination. Journal of Experimental Psychology : General 144-2 ; 400.

Gold, E., Smith, A., Hopper, I., Herne, D., Tansey, G., & Hulland, C.（2010）Mindfulness-Based Stress Reduction（MBSR）for primary school teachers. Journal of Child and Family Studies 19-2 ; 184-189.

芳賀彰子（2008）軽度発達障害児を抱える両親の心身の健康状態．心療内科 12 ; 315-320.

Harris, R.（2009）ACT Made Simple : An Easy-to-read Primer on Acceptance and Commitment Therapy. New Harbinger Publications.（武藤 崇＝監訳（2012）よくわかる ACT（アクセプタンス＆コミットメント・セラピー）――明日から使える ACT 入門．星和書店）

Hastings, R.P., & Brown, T.（2002）Behavioural knowledge, causal beliefs and self-efficacy as predictors of special educators' emotional reactions to challenging behaviours. Journal of Intellectual Disability Research 46-2 ; 144-150.

Hayes, S.C., Strosahl, K., & Wilson, K.G.（1999）Acceptance and Commitment Therapy : An Experimental Approach to Behavior Change. Guilford Press.

Hayes, S.C., Strosahl, K.D., & Wilson, K.G.（2012）Acceptance and Commitment Therapy : The Process and Practice of Mindful Change. Guilford Press.（武藤 崇・三田村仰・大月 友＝監訳（2014）アクセプアンス＆コミットメントセラピー（ACT）（第2版）．星和書店）

Hettema, J., Steele, J., & Miller, W.R.（2005）Motivational interviewing. Annual Review of Clinical Psychology 1 ; 91-111.

石川正典・中野明徳（2001）教師のストレスとサポート体制に関する研究．福島大学教育実践研究紀要 40 ; 17-24.

Javadi, M.（2016）Acceptance and commitment therapy effect of group education on the reduction of psychological distress（anxiety and depression）in mothers of children with autism. International Journal of Humanities and Cultural Studies（IJHCS）ISSN 2356-5926 ; 678-689.

Kanter, J.W., Baruch, D.E., & Gaynor, S.T.（2006）Acceptance and commitment therapy and behavioral activation for the treatment of depression : Description and comparison. The Behavior Analyst 29 ; 161-185.

川上憲人（2006）世界のうつ病，日本のうつ病――疫学研究の現在．医学のあゆみ 13 ; 925-929.

Kawakami, N., Takeshima, T., Ono Y., Uda, H., Hata, Y., Nakane, Y., Nakane, H., Iwata, N., Furukawa, T., & Kikkawa, T.（2005）Twelve — month prevalence, severity, and treatment of common mental disorders in communities in Japan : Preliminary finding from the world mental health Japan survey 2002-2003. Psychiatry and Clinical Neurosciences 59 ; 441-452.

河村茂雄・國分康孝（1996）小学校における教師特有のビリーフについての調査研究．カウンセリング研究 29-1 ; 44-54.

河村茂雄・田上不二夫（1997）教師の教育実践に関するビリーフの強迫性と児童のスクール・モラールとの関係．教育心理学研究 45-2 ; 213-219.

北川嘉野・武藤 崇（2013）マインドフルネスの促進困難への対応方法とは何か．心理臨床科学 3-1 ; 41-51.

近藤邦夫（1988）教師－児童関係と児童の適応――教師の儀式化の観点から．東京大学教育学部紀要 28 ; 103-142.

熊野宏昭（2012）マインドフルネスはなぜ効果をもつのか．心身医学 52-11 ; 1047-1052.

栗山貴久子（2008）発達障害と子ども虐待．小児科臨床 61-12 ; 2585-2590.

Lewig, K.A., & Dollard, M.F.（2003）Emotional dissonance, emotional exhaustion and job satisfaction in call centre workers. European Journal of Work and Organizational Psychology 12-4 ; 366-392.

Lillis, J., Hayes, S.C., Bunting, K., & Masuda, A.（2009）Teaching acceptance and mind-fulness to improve the lives of the obese : A preliminary test of a theoretical model. Annals of Behavioral Medicine 37-1 ; 58-69.

Lillis, J., & Kendra, K.E.（2014）Acceptance and commitment therapy for weight control : Model, evidence, and future directions. Journal of Contextual Behavioral Science 3-1 ; 1-7.

Martell, C.R., Addis, M.E., & Jacobson, N.S.（2001）Depression in Context : Strategies for Guided Action. W.W. Norton.（熊野宏昭・鈴木伸一＝監訳（2011）うつ病の行動活性化療法――新世代の認知行動療法によるブレイクスルー．日本評論社）

三沢元彦・犬塚文雄（2007）教師のバーンアウト傾向軽減プログラムの開発研究――認知療法（5つのコラム法）を手がかりとして．横浜国立大学教育相談・支援総合センター研究論集 7 ; 163-185.

森脇弘子・吉田 友・岡野理沙・宮岡香歩・北原千紘・菊谷遥香・戸松美紀子・辻 文・杉山寿美（2018）給食の提供・資料の配布及び管理栄養士の介入が大学生の食意識・食行動に与える影響．県立広島大学人間文化学部紀要 13 ; 21-34.

武藤 崇・三田村仰（2011）診断横断的アプローチとしてのアクセプタンス＆コミット

メント・セラピー——並立習慣パラダイムの可能性．心身医学 51 ; 1105-1110.

日本肥満学会肥満症治療ガイドライン作成委員会（2006）肥満症治療ガイドライン 2006．肥満研究 12 ; 1-91.

野間智子・内田香奈子・中野容子・山崎勝之（2018）小学校における食行動に対する 食育の効果——小学校4年生の分析．奈良佐保短期大学研究紀要 25 ; 1-15.

Noone, S.J., & Hastings, R.P.（2009）Building psychological resilience in support staff caring for people with intellectual disabilities : Pilot evaluation of an acceptance-based intervention. Journal of Intellectual Disabilities 13-1 ; 43-53.

Noone, S.J., & Hastings, R.P.（2010）Using acceptance and mindfulness-based work-shops with support staff caring for adults with intellectual disabilities. Mindfulness 1-2 ; 67-73.

Noone, S.J., & Hastings, R.P.（2011）Values and psychological acceptance as correlates of burnout in support staff working with adults with intellectual disabilities. Journal of Mental Health Research in Intellectual Disabilities 4-2 ; 79-89.

荻野佳代子・瀧ヶ崎隆司・稲木康一郎（2004）対人援助職における感情労働がバーン アウトおよびストレスに与える影響．心理学研究 75-4 ; 371-377.

Orsillo, S.M., Roemer, L., Block-Lerner, J., LeJeune, C., & Herbert, J.D.（2004）ACT with anxiety disorders. In : Hayes, S.C., & Strosahl, K.D.（Eds.）A Practical Guide to Acceptance and Commitment Therapy. Springer.（坂本 律＝訳（2014）不安障害を対象としたACT．In：谷 晋二＝監訳・坂本 律＝訳（2014）アクセプタンスコミット メント・セラピー実践ガイド——ACT理論導入の臨床場面別アプローチ．明石書店）

Otte, C.（2011）Cognitive behavioral therapy in anxiety disorders : Current state of the evidence. Dialogues in Clinical Neuroscience 13 ; 413-421.

大屋藍子・武藤 崇（2011）肥満の改善はなぜ難しいのか——アクセプタンス＆コミッ トメント・セラピー（ACT）からの提言．心理臨床科学 1-1 ; 53-64.

Patry, D.A., Blanchard, C.M., & Mask, L.（2007）Measuring university students' regula-tory leisure coping styles : Planned breathers or avoidance?. Leisure Sciences 29-3 ; 247-265.

Pearson, A N., Follette, V.M., & Hayes, S.C.（2012）A pilot study of acceptance and commitment therapy as a workshop intervention for body dissatisfaction and disor-dered eating attitudes. Cognitive and Behavioral Practice 19-1 ; 181-197.

Rudman, A., & Gustavsson, J.P.（2012）Burnout during nursing education predicts lower occupational preparedness and future clinical performance : A longitudinal study. International Journal of Nursing Studies 49-8 ; 988-1001.

佐渡充洋（2014）うつ病による社会的損失はどの程度になるのか？——うつ病の疾病

費用研究．精神神経学雑誌 116-2；107-115．

Scent, C.L., & Boes, S.R.（2014）Acceptance and commitment training : A brief inter-
vention to reduce procrastination among college students. Journal of College Student
Psychotherapy 28-2；144-156.

Segal, Z.V., Williams, J.M.G., & Teasdale, J.D.（2002）Mindfulness-Based Cognitive
Therapy for Depression : A New Approach to Preventing Relapse. New York : Guilford
Press.（越川房子＝監訳（2007）マインドフルネス認知療法──うつを予防する新し
いアプローチ．北大路書房）

関谷大輝・湯川進太郎（2012）副次的感情の開示による感情労働者のバーンアウト低
減の試み──携帯電話の電子メール機能を活用して．感情心理学研究 20-1；9-17．

嶋 大樹・柳原茉美佳・川井智理・熊野宏昭（2013）日本語版 Acceptance and Action
Questionnaire-II 7 項目版の検討．日本心理学会大会発表論文集（77th）；271．

四宮愛香・武藤 崇（2016）自閉症スペクトラム障害児をもつ保護者に対するアクセプ
タンス＆コミットメント・セラピー（ACT）の動向と展望．心理臨床科学 6-1；53-64．

首藤祐介・亀井 宗・唐渡雅行（2016）両親の健康を過剰に心配する女性にアクセプタ
ンス＆コミットメントセラピーを適用した症例報告──あじわいエクササイズを中
心とした介入．認知療法研究 9；75-85．

Singer, G.H., Ethridge, B.L., & Aldana, S.I.（2007）Primary and secondary effects of
parenting and stress management interventions for parents of children with develop-
mental disabilities : A meta-analysis. Mental Retardation and Developmental
Disabilities Research Reviews 13-4；357-369.

Singh, N.N., Lancioni, G.E., Winton, A.S.W., Curtis, W.J., Wahler, R.G., Sabaawi, M., &
McAleavey, K.（2006）Mindful staff increase learning and reduce aggression in adults
with developmental disabilities. Research in Developmental Disabilities 27-5；
545-558.

Society of Clinical Psychology, Division 12 of the American Psychological Association
（2016）Society of Clinical Psychology. Retrieved from http://www.div12.org/psycho-
logical-treatments/disorders/depression/（accessed on July 1, 2019）.

曽山和彦・本間恵美子（2006）教師のメンタルヘルスに及ぼすサポートグループ参加
の効果──自尊感情，バーンアウトの視点から．秋田大学教育文化学部教育実践研
究紀要 28；111-118．

Steel, P.（2007）The nature of procrastination : A meta-analytic and theoretical review
of quintessential self-regulatory failure. Psychological Bulletin 133-1；65.

菅野晃子・谷 晋二（2013）発達障がい児をもつ保護者への心理的支援──ACT ワーク
ショップによる効果から．立命館人間科学研究 26；9-20．

Sugiura, Y., Sato, A., Ito, Y., & Murakami, H.（2012）Development and validation of the Japanese version of the five facet mindfulness questionnaire. Mindfulness 3-2 ; 85-94.

鈴木英子・多賀谷昭・松浦利江子・齋藤深雪・丸山昭子・吾妻知美（2009）看護管理職のアサーティブネストレーニング前後のバーンアウト得点の比較．日本看護管理学会誌 13-2 ; 50-57.

田中正博（1996）障害児を育てる母親のストレスと家族機能．特殊教育学研究 34-3 ; 23-32.

谷 晋二（2016）先延ばし行動を持つ大学生にアクセプタンス＆コミットメント・セラピーの心理教育を実施した症例報告．行動療法研究 42-2 ; 147-158.

谷 晋二（2017）ACTによる子育て支援．認知療法研究 10-1 ; 11-20.

Tani, S., Kawai, E., & Kitamura, K.（2013）ACT workshop for parents of children with developmental disabilities. 立命館人間科学研究 28 ; 1-11.

Tani, S., & Kitamura, K.（2014）Psychological flexibility and mental health issues of parents of children having disabilities. The 12th World Annual Conference of the Association for Contextual Behavioral Science.

Tani, S., & Kitamura, K.（2016）The effect of ACT WS for teachers and staffs working for children having disabilities. The 14th World Annual Confence of the Association for Contextual Behavioral Science.

Tapper, K., Shaw, C., Ilsley, J., Hill, A.J., Bond, F.W., & Moore, L.（2009）Exploratory randomised controlled trial of a mindfulness-based weight loss intervention for women. Appetite 52-2 ; 396-404.

Tice, D.M., Bratslavsky, E., & Baumeister, R.F.（2001）Emotional distress regulation takes precedence over impulse control : If you feel bad, do it!. Journal of Personality and Social Psychology 80-1 ; 53.

Tichener, E.B.（1916）A Text-book of Psychology. MacMillan.

Twohig, M.P., & Levin, M.E.（2017）Acceptance and commitment therapy as a treatment for anxiety and depression : A review. Psychiatric Clinics of North America 40-4 ; 751-770.

上野和久・佐藤史人（2010）現代日本におけるバーンアウト研究の動向に関する研究——バーンアウトの教員への適応を目指して．和歌山大学教育学部教育実践総合センター紀要 20 ; 143-150.

上野徳美・山本義史（1996）看護者のバーンアウトを予防するソーシャル・サポートの効果——サポート・ネットワーク量・満足度・サポート源との関係を中心として．健康心理学研究 9-1 ; 9-20.

Walser, R.D., Karlin, B.E., Trockel, M., Mazina, B., & Taylor, C.B.（2013）Training in and implementation of acceptance and commitment therapy for depression in the veterans health administration : Therapist and patient outcomes. Behaviour Research and Therapy 51-9 ; 555-563.

Wang, S., Zhou, Y., Yu, S., Ran, L.-W., Liu, X.P., & Chen, Y.-F.（2017）Acceptance and commitment therapy and cognitive-behavioral therapy as treatments for academic procrastination : A randomized controlled group session. Research on Social Work Practice 27-1 ; 48-58.

山根隆宏（2010）高機能広汎性発達障害児をもつ母親の障害認識の困難さ．神戸大学大学院人間発達環境学研究科研究紀要 4-1 ; 151-159．

Zettle, R.D.（2004）ACT with affective disorders. In : Hayes, S.C., & Strosahl, K. D.（Eds.）A Practical Guide to Acceptance and Commitment Therapy. Springer（坂本 律＝訳（2014）感情障害を対象としたACT．In：谷 晋二＝監訳・坂本 律＝訳（2014）アクセプタンスコミットメント・セラピー実践ガイド──ACT理論導入の臨床場面別アプローチ．明石書店）

第**5**章

ACTと働くということ

ACT は不安や抑うつなどの心理的苦悩の改善に大きな貢献をしてきたが，ウェルビーイングや「いきいきとした生活」の実現に貢献することも目指している。ルールやルール支配行動（第2章参照）は，効率的な行動の変化を生み出すが，これまで述べてきたように，随伴性に対する感受性を低下したり，行動のレパートリーを縮小したりもする。関係反応を教育，やりがいをもって働くこと，生き生きと歳を取ることなどに対して利用する方法を検討することが，これからもっと必要になってくるだろう。

　「働く」ことは，高校生や大学生にとってはとても重要なトピックスであり，大学でもキャリア教育の推進の取り組みが行われている。ここでは，「働く」という行動を，関係フレーム理論の立場から検討していく。

働くことの機能

谷 晋二

このセクションの学習目標

❶働くことの機能を検討できる。

❷働くことと体験の回避および認知的フュージョンの問題について説明できる。

❸働くことと自身の価値とを関係づけて検討できる。

　厚生労働省の調査によると（https://www.mhlw.go.jp/stf/seisakunitsuite/bunya/0000137940.html［2019年7月26日閲覧］），新規学卒者の3年以内の離職率は2013年3月卒業者で31.9％，2014年卒業者32.2％，2015年卒業者31.8％で，新卒者の3割を超える者が早期に離職している。これは，若者が大学で学習したことと職業とが直結していないため，また仕事への取り組みに対するモチベーションが低いためであると考えられている（花田ほか，2011）。従来のキャリアアドバイスは，若者が自分自身をよく知り，自分のタイプを理解することで，自分にマッチした仕事を選ぶことができるという考えで進められてきた（サーチ理論やマッチング理論）。また，毛受・馬場（2013）は，自己理解とともに，社会に対する知識（社会にどのような仕事があり，どの会社がどのような仕事を提供しているかなど）を使って自分にマッチした職業の選択肢を増やし，高い自己効力感によって主体的に自分自身を方向づけていくことが，社会人基礎力を発揮していく原動力になると考えている。

　しかしながら，自己効力感は柔軟性を欠けば，認知的なフュージョンを強め，体験の回避を促進することになる（第2章「言語的自己概念」セクショ

ン参照）。「自分は有能である」あるいは「自分はこの仕事をうまくやることができる」という考えを，いつでも，どんなときでも保持しようとすると，何が起きるだろうか。このような考えをつねにもちつづけようとすると，ミスに気づかなくなったり，うまくいっているところだけに注目したり，他人を批判したり，貶めたりするかもしれない。つまり，これらの考えと一致する（一貫する）出来事だけに注目したり，有能であると示すことだけを目的にして，他人を妨害したりするかもしれない。ACT では，ポジティブな考えであっても，それが柔軟性を欠けば，考えが行動を統制する力が強くなり，たとえその行動がうまくいかなくても，特定の行動を反復して出現させるようになると予測している。

　フラックスマンほか（2015）は，自分にマッチした仕事を探すような従来のキャリアアドバイスは「内容としての自己」を促し，さらに不適切で最悪な状態へ導くアプローチだという。そして，必要なのは，キャリアの意思決定に役立つ柔軟な方法を習得することであるとし，ACT のスキルの重要性を指摘している。

　「なぜ我々は働くのか」。この問いに対して，あなたはどのように答えるだろうか。

　「お金を儲けるため」「自立をするため」「生活のため」，あるいは「みんな働いているから」という理由を挙げるかもしれない。これまで紹介してきたように，いくつかのエクササイズやメタファーを使って，行動の機能を考えてみよう。

　　あなたは会社勤めをしていて，平均的な給料をもらっていると想像してみてください。会社の近くの宝くじ売り場で年末ジャンボ宝くじを買ったところ，幸運にも，1等5億円の宝くじが当たりました。あなたはこのお金の使い道をいろいろと考えています。家を買ったり，車を買い替えたりしても，まだお金は余っています。

　　さて，お金の使い道をいろいろ考えた後，あなたは今の仕事を続けるかどうかを迷っています。たしかに，お金の不自由はなくなったかもしれ

ません……あなたは仕事を続けますか？　それとも辞めるのでしょうか？

　学生の場合であれば，仕事の部分を「勉強」や「就職活動」に，宝くじの部分を「単位や卒業」「仕事の内定」に置き換えてみてもよいだろう。仕事を続けると答えた人は，ゆっくりと考えてみてほしい。あなたの「仕事をする」という行動を維持している要因には，お金を儲けるという以外に何があるのだろうか。

　第1章のコラム2（p.26）で紹介した「ハピネストラップ」の話を思い出してほしい。そして，ゴールと価値の違いをもう一度考えてみよう。もし，「働く」という言葉が「お金を得る＝暮らしていける」ということだけにリンクしているとしたら，それは大変苦しい生活につながっていくかもしれない。なぜなら我々はすぐさま「働かない／働けない」ことと「お金がない」こととをリンクさせることができるので（反対の関係フレーム反応を使って），「暮らしていくためには，働かなければいけない」という因果関係のフレームを当てはめ，「暮らしていけなくなる状態」を避けるために，働くという回避行動の大きな波に飲み込まれていくからである。

　このエクササイズは，もちろん仮想のものである。エクササイズを通して，あなたが見逃しているものがないかを探索してみてほしい。ゆっくりと丁寧に観察してみると，あなたの「働く」という行動を維持している要因は，お金がもらえるという結果だけではないと気づくかもしれない。人との交流，社会に参加していること，自分の能力やスキルを発揮することなどもまた，「働く」という行動を維持している要素のひとつであると気づく人もいるだろう。

　また，「働く」ことに作用しているルールがあることにも気づくだろう。そのルールには，自分自身で作ってきたものや，社会的に学習したものもあるに違いない。あなたは，「大人になるとは，定職に就くということだ」というルールを学習しているかもしれないし，「就職できない人は，人生の負け組だ」という考えをもっているかもしれない。

　関係フレーム理論（RFT）は，このような言語ルールの内容よりも，行動を統制する力（機能の転換）に焦点を当てる。そして，言語内容を変容する

よりも文脈を変えることによって，行動を統制する力を弱めていく方略を提案している（第3章参照）。つまり，「大人になるとは，定職に就くということだ」という考えをもっていたとしても，多様な行動が可能になるような方法を探していく。そして多様な行動の自発を促すように，価値を明確化し，価値に基づく行動を具体化していく。

　あなたが「大切にしたい人」や「大切にしたいこと」は何だろう。第1章で学習したように，大切な人や大切なことに向かう行動（toward move）を具体的に描いてみよう。働くという行動を，あなたの「大切にしたい人」や「大切にしたいこと」にリンクさせることができるだろうか。あなたの優れた関係づけ能力を使って，「働く」ことと「大切にしたいこと」とを関連づけることができるだろうか。もしそれができれば，「働く」ことは"toward move"のひとつとなるだろう。

キャリア教育

谷 晋二

　近年，キャリア教育に力を入れる大学が多くなってきている。キャリア教育は，就職のために必要なスキルを学習することだけではないし，面接の受け方，エントリーシートの書き方を学ぶだけでもない。キャリア教育は，自分自身がどのように社会（家族，地域，会社など）と関わっていきたいか，という大きな問題の答えを探すプロセスだと考えることができる。自分自身のもつスキルや特性を明確にするだけでなく，それらを使ってどのように社会と関わり，自分自身の価値，家族の一員としての価値，日本人としての価値，人としての価値とリンクしたゴールを設定することが重要である。

　働くことが個々人の価値とリンクしていないと，エントリーシートを書いたり面接を受けたりするスキル，電話をかけたり，アポイントメントを取ったりするスキルも，「しなければならない」という回避的な機能を容易にもつようになるだろう。逆に，いくら働くことと価値が強くリンクしていても，それらのスキルが欠けていると，具体的な行動を作り上げることはできないだろう。

　そのため，キャリア教育では，スキルを学ぶことと同時に個々人の価値を明確化し，働くことと価値とをリンクさせていくプログラムが必要となる。

　第1章で，我々は自分自身の「大切な人」「大切なこと」を明確化していく試みを行ってきた。同じように，家族にとって「大切なこと」，地域にとって「大切なこと」，会社にとって「大切なこと」，そして日本社会にとって「大切なこと」を考えてみよう。さらに，人類というメンバーの一員として，我々一人ひとりを関係づけてみよう。「〜の一員」という階層性のフレームを使うことで，このような関係づけを行うことができる。

　社会は多様性に満ちている。異なる考えをもつ人がいて，地域が違えば習慣も異なってくる。もちろん国が異なれば，その違いは予想を超えて大きな

ものになる。グローバルな社会になればなるほど，多様な考え方と習慣をも
つ人と共同することができる力が求められる。残念なことに，ジェンダーや
障害者への差別，レイシズム，ヘイトスピーチなど，我々の社会はまだまだ
多くの問題を抱えている。すべての人が，「大切にしたい人」や「大切にした
いこと」に向かう行動ができるような社会のあり方とは，どのようなものだ
ろう。そのような社会を構築していくために，我々には何ができるのだろう
か。そして，どのような能力をもつことでそれが可能になるのだろうか。そ
のひとつの能力は「心理的柔軟性」に違いない。

サバティカル

　2016年に大学の教員になって初めてサバティカルを頂くことができ
ました。サバティカルというのは研究専念制度と言われるもので，「研
究だけやっていればいいよ。給料はあげるから」という信じられない
ような制度です。授業も会議もなく，自分のやりたい研究だけをやっ
てよい時間をもらえるのです。そのうえ，海外での滞在費も保障され
ます。つまり，働かなくても給料のもらえる1年間をプレゼントして
もらえるのです。この機会に私はアイルランドに滞在することにしま
した。

　初めて海外に住むということでいろいろな困難はありましたが，ア
イルランドにいる間，私にとっての「働く」ということの機能を，た
びたび考えることができました。

　アイルランド国立大学ゴールウェイ校（NUIG）は，PDの学生たち
と一緒の部屋を用意してくれました。滞在先のアパートから毎日通っ
ていましたが，振り返ってみると正直，とてもハードな日々でした。
毎日，アパートのドアを開けると，そこはこれまで慣れ親しんできた
環境とは全く異なる随伴性に満ちた世界なのです。日本語はもちろん
全く通じず，知り合いもほとんどいない世界です。ドアを開け，大学
に近づいていく一歩一歩が緊張と不安を強めていく毎日でした。

大学に行かなくても生活していくことができます。お金を稼ぐため
に大学に行くこと（授業をしたり，会議に出席したりする）が求めら
れないという状況のなかで，大学に行くかどうかを選択する機会を与
えられたのです。私は土日を除いて，ほぼ毎日大学に通い，学生たち
と話をし，論文を書き，プレゼンテーションの準備をしていました。
それは，私が自ら選択した行動だったと思います。

　「仕事をする」ということ，「会社に行く」ということを，自ら選択
した行動とすることができたら，そして，それが個人の価値とリンク
されているなら，働くことはとても大切な "toward move" となるで
しょう。 　　　　　　　　　　　　　　　　　　　　　　（谷 晋二）

エントリーシートを活用する
谷 晋二

　就職を目指す大学生が最初に行うことのひとつは，エントリーシートを書き，希望する企業に提出することである。エントリーシートには，自分の強みや長所，個性，スキルを具体的な証拠を添えて書いた自己PRや志望動機，自身のキャリアプランやキャリアビジョンを書く。キャリアプランやキャリアビジョンには，「将来どんな仕事をしたいか」や「将来どんな人間になりたいか」を含めて，目標の実現のためにその企業をどのように活用したいかを書くことになる。

　本書の第1章冒頭で，ACT Matrixダイアグラムを書いた。エントリーシートに書く内容は，ダイアグラムの右側の部分と類似している。「あなたの大切にしたい人」「あなたの大切にしたこと」のなかには，仕事をするということに関連した多くの質的な要素（クオリティ）が含まれているだろう。仲間との良好な関係，目標をもつこと，楽しむこと，穏やかであること，親密な人間関係，独創性，創造性，チャレンジ……それらを育んでいくために，その会社のなかであなたは何をしたいと希望するのだろうか。

　自己PRを書くために，あなた自身の書いたACT Matrixダイアグラムを眺めてみよう。ダイアグラムを床に置いたり，ホワイトボードに貼ったりして，少し離れたところからそれを眺めてみよう。あなたには，どのような強みがあるのだろうか。あなたの自分らしさとはどのような性質なのだろうか。

　ACTの目的は，たとえ不快な感情や思考が現れてきたとしても，生き生きとした人生を送るための行動ができるようになることである。生き生きとした人生の一部には（すべてではない），生き生きと働くことが含まれる。これまでの章で学習してきたように，心理的柔軟性は生き生きとした人生の中心にある。不快な感情や考えは言語をもつ人間すべてがもつ当たり前の反応であり，単なる感情や考えとして距離を置いて観察し，それがつねに変化して

いるということに気づく練習をしてみよう。そして，不快な感情や考えにあなた自身がどのように反応しているかを観察し，その短期的，長期的な効果について検討してみよう。

　自分自身についてあなたは，どのようなことを学習してきたのだろう。自分自身をどのような言語的内容で関係づけてきたのだろう（自分は〜である）。この「〜」の部分には，あなたがこれまで学習してきたことを代入することができるが，同時にどのような言語的内容も代入することができる（まるで，Tシャツを着替えるように）。言語的自己概念（第2章「言語的自己概念」セクション参照）に柔軟に反応することができるようになると，あなたは「あなたの大切にしたい人」や「あなたの大切にしたいこと」に，より向かっていくことができるだろう。

　ACT Matrix ダイアグラムの右下の象限に書いたことに向かっていくとしたら，あなたが応募しようとしている会社のなかでどのような働き方ができるのだろう。それをイメージしてみよう。応募しようとしている会社のホームページやパンフレットを見て，会社のイメージを描いてみよう。そして，新入社員として会社のドアを開ける瞬間をイメージして，そのときに抱く感情や感覚，思考を観察してみよう。新入社員として，その会社であなたはどんな仕事をしているのかを想像してみよう。それが，あなたの「大切にしたいこと」に向かっているかどうかを検討してみよう。

　次に，10年後，あなたはどのような暮らしをしているのか，それをイメージしてみよう。そのとき，あなたはその会社で何をしているのかイメージしてみよう。そして，そのときに感じる感情や感覚，思考を観察してみよう。それが，あなたの「大切にしたいこと」に向かっているかどうかを検討してみよう。

　このようなイメージを描くには，応募しようとしている会社について知ることが必要である。具体的なイメージを作るために情報を集め，そこで働く人と会って話をしてみよう。実際に会社を訪れるというのは，一番イメージを思い描きやすい方法だろう。

　エントリーシートを書くという行動や，会社の情報を集めるという行動を

通して，自身の「大切にしたい人や大切にしたいこと」の新しい質（クオリティ）に気づくことができるかもしれない。それができたとすれば，エントリーシートを書くという行動は「向かう行動」に近いだろうか，それとも「離れる行動」に近いだろうか。それを検討してみよう。

　就職活動はハードな活動である。というのも，人によっては何十通ものエントリーシートを書き，面接を受け，時には屈辱的な対応を受け，その結果「残念ながら……」という通知を受け取ることを，繰り返し体験するからである。嫌悪的な事態にさらされながら，強化を受けるまで，行動をすることができるのは，言語をもつ人間だけである。そこには，本書で学習してきたような言語的なメカニズムが働いている。そのメカニズムはグルグル回りを促進することも，大切にしたいことに「向かう行動」を促進することもできる。「就職できないと大変なことになる」「就職できないと親に顔向けができない」などのルールに反応して，それがもたらす不安を回避するように，就職活動に懸命になることもあるだろう。反対に，自身の大切なことを実現するひとつのステップとして，南極探検を夢見る探検家が毎朝冷たいシャワーを浴びるように，就職活動に取り組む人もいる。あなたはどちらの就職活動を選択したいのだろうか。

　就職活動のハードさは変わらなくても，それを「向かう行動」として実行することはできる。就職活動を就職することを目的にして実行すると，就職するという目的が達成されると，何もしなくなってしまうかもしれない（コラム2「ハピネストラップ」（p.26）参照）。本書で学習してきたことを使えば，「向かう行動」のひとつとしてハードな就職活動に取り組むことができるだろう。

文献

ポール・F・フラックスマン＋フランク・W・ボンド＋フレデリック・リブハイム［武藤崇・土屋政雄・三田村仰＝監訳］（2015）マインドフルにいきいき働くためのトレーニングマニュアル．星和書店．

花田光世・宮地夕紀子・森谷一経・小山健太（2011）高等教育機関におけるキャリア教育の諸問題．KEIO SFC Journal 11；73-85．

毛受芳高・馬場英朗（2013）大学教育におけるキャリア教育の意義と課題——ソーシャルビジネス・インターンシップが生み出す共感創出と物語性．経営研究 25；29-48．

あとがき

　本書の役割は，関係フレーム理論（RFT）による言語行動の分析を学習する人の足がかりを提供することである。40年ほど前，初めて応用行動分析（ABA）を用いた言葉のない子どもの指導に関する論文を読んだときに覚えた違和感は，言語行動を機能という視点から分析しているスキナーの著書 *Verbal Behavior* に出会うことで，言語行動を研究する意欲へと変わっていった。この本はとても難解で大学院生の私には読み進めることができなかったが，ヴィノキュアーによる『スキナーの言語行動理論入門』（1984）が大きな助けとなった。言葉のない子どもたちへの指導を実際に行いながら，そこから得られるデータが理論と実践を橋渡ししてくれた。

　「子どもが教えられていない言葉を学習していくことには，どのような仕組みが関わっているのだろうか」「自閉症の子どもたちが教えられていない言葉を自分から学んでいくように指導するにはどうしたらよいのだろうか」。この疑問は，シドマンの刺激等価性の研究からRFTへと私を導いてくれた。多くのACTとRFTの翻訳書のおかげで勉強は随分と楽になったが，ACTとRFTを橋渡しする実証的なデータはまだまだ不足している。

　ACTは大変優れた認知行動療法，心理教育であるが，完成されたものではないし完成することもないだろう。なぜなら，ACTは基礎的な理論（RFT）と実証的なデータからのフィードバックを受け，常にアップグレードされていくからである。

　現在，臨床的な問題に深く関与するいくつかのトピックスがRFTの基礎研究で取り上げられている。多くの心理療法で重要な役割を果たすメタファーやアナロジーの分析（Tornike, N.（2017）*Metaphor in Practice*）や言語的自己概念（McHugh, L. et al.（2019）*A Contextual Behavioral Guide to the Self*）や

視点取得（McHugh, L. & Stewart, I.（2012）*The Self and Perspective Taking*）。そして知能をRFTから分析しようとする意欲的な研究が進んでいくだろう。これらはとても心躍らせる研究である。認知行動療法だけでなく，他の心理療法，とりわけ表現性心理療法で用いられているメタファーやアナロジーをRFTによって整理することができ，実験室で再現することができたら，それは異なる理論体系をもつ心理療法を橋渡しすることができるのではないだろうか。そしてそのことは，人を援助するという共通の目的へと我々を近づけてくれるだろう。

　自己肯定感，自己効力感，自尊感情，本来感などは，言語的自己概念としてRFTから分析がなされていくだろう。IRAPやFASTを用いた実験室での研究が言語的自己概念の研究を促進させていくだろう。その研究は，言語的自己概念の形成と視点取得の深い関連を紐解くことができるかもしれない。知能をRFTから分析することが進めば，人工知能や能力開発だけでなく，知的機能の年齢による衰えを緩やかにすることができるかもしれない。

　文脈的行動科学（CBS）は，40年前には想像もできなかった多くのトピックスの研究と臨床に貢献してきた。本書が次の世代の若者たちの踏み台の1段となることを願い，心躍らせる世界へジャンプする手助けとなれば幸いである。

　本書を書き上げるにあたって章を分担してくれた執筆者たちは，臨床や基礎研究で活躍している期待の研究者である。時間的な制約のなかで力作を仕上げていただいたため，全体の見直しは私が行った。至らぬ点が多々あるかもしれないが，それは編者である私の責任である。

　企画から出版まで慌ただしいスケジュールのなか，いつもながら丁寧に本を仕上げてくれた金剛出版の藤井さんには，大きな感謝を捧げたい。彼の素早い作業がなければ本書は完成しなかっただろう。

　2020年2月14日

オクラホマにて

谷　晋二

索　引

編著者略歴

谷 晋二 （たに・しんじ）

立命館大学総合心理学部・人間科学研究科教授。大阪教育大学大学院教育学研究科修士課程（障害児教育学専攻）修了。心身障害学博士（筑波大学）。大阪人間科学大学社会福祉学科助教授，同大学健康心理学科・教授，同大学人間科学研究科・教授，同大学社会福祉学科・教授，立命館大学文学部・教授を経て，2010年10月より現職。

主著 『はじめはみんな話せない──行動分析学と障がい児の言語指導』（単著・金剛出版［2012］），『実践の心理学──私を変える 子供が変わる』（単著・二瓶社［1987］）ほか。
訳書 ポール・アルバート＋アン・トルートマン『はじめての応用行動分析──日本語版 第2版』（共訳・二瓶社［2004］），マリア・ウィーラー『自閉症，発達障害児のためのトイレットトレーニング』（訳・二瓶社［2005］），スティーブン・C・ヘイズ＋カーク・D・ストローサル『アクセプタンス＆コミットメント・セラピー実践ガイド──ACT理論導入の臨床場面別アプローチ』（監訳・星和書店［2014］），リサ・W・コイン＋アミー・R・マレル『やさしいみんなのペアレント・トレーニング入門──ACTの育児支援ガイド』（監訳・金剛出版［2014］）ほか。

執筆者一覧 ［50音順］

大月 友	早稲田大学人間科学学術院	［第3章／コラム］
北村琴美	CBSコンサルティング	［第4章］
茂本由紀	京都文教大学臨床心理学部臨床心理学科	［第2章］
首藤祐介	広島国際大学健康科学部心理学科	［第4章］
谷 晋二	立命館大学総合心理学部・人間科学研究科	［まえがき／第1・2・5章／コラム／あとがき］
三田村仰	立命館大学総合心理学部	［第2章］

言語と行動の心理学
行動分析学をまなぶ

2020年 4 月20日　初刷
2020年 9 月30日　 2 刷

編著者 —— 谷 晋二

発行者 —— 立石正信
発行所 —— 株式会社 金剛出版
　　　　　〒112-0005 東京都文京区水道1-5-16　電話 03-3815-6661
　　　　　振替 00120-6-34848

装丁◉戸塚泰雄(nu)　　装画◉岡田喜之　　本文組版◉石倉康次
印刷・製本◉シナノ印刷

ISBN978-4-7724-1754-9 C3011　　©2020 Printed in Japan

はじめはみんな
話せない
行動分析学と障がい児の言語指導

［著］＝谷 晋二

●A5判　●並製　●212頁　●本体 2,800円＋税

話せない子どもたちのための言語指導の実践録。
発達障害児への言語指導を通じた応用行動分析から
ACTへの変遷を追う。

やさしいみんなの
ペアレント・トレーニング入門
ACTの育児支援ガイド

［著］＝リサ・W・コイン　アミー・R・マレル
［監訳］＝谷 晋二

●A5判　●並製　●330頁　●本体 3,400円＋税

ACTとマインドフルネスで子どもといっしょに楽になる，
子育てをしているすべての親のための
ペアレント・トレーニングガイド。

ケースで学ぶ
行動分析学による
問題解決

［編］＝日本行動分析学会
［責任編集］＝山本淳一　武藤 崇　鎌倉やよい

●B5判　●並製　●232頁　●本体 3,600円＋税

教育，心理臨床，リハビリテーション，看護などでの
「使い勝手」がよくわかる，
ケーススタディで理解する行動分析学の問題解決！

保護者と先生のための
応用行動分析入門ハンドブック
子どもの行動を「ありのまま観る」ために

［監修］＝井上雅彦
［著］＝三田地真実　岡村章司

●B5判　●並製　●176頁　●本体 2,600円＋税

発達障害をもつ子どもとの関わりで「イラッ」。
そんな自分を責めたことはないですか？
本書のABAを通して問題を解決していきましょう。

不登校・ひきこもりのための
行動活性化
子どもと若者の"心のエネルギー"がみるみる溜まる
認知行動療法

［著］＝神村栄一

●A5判　●並製　●192頁　●本体 2,800円＋税

子どもと若者のエネルギーをためる具体的な方法は何か？
キーワードは「行動活性化」だった！
現場ですぐに使える実践集。

自尊心を育てるワークブック
［第二版］
あなたを助けるための簡潔で効果的なプログラム

［著］＝グレン・R・シラルディ
［監訳］＝高山 巖

●B5判　●並製　●240頁　●本体 3,200円＋税

大幅改訂による［第二版］全米で80万部を超えるベストセラー！
健全な「自尊心」を確立するための段階的手順を紹介した
最良の自習書。

クライエントの言葉をひきだす
認知療法の「問う力」
ソクラテス的手法を使いこなす

［編］＝石垣琢麿　山本貢司
［著］＝東京駒場CBT研究会

●A5判　●並製　●224頁　●本体 2,800円＋税

クライエントにちゃんと「質問」できてる？
セラピストの質問力・問いかける力を高めて，
心理療法を効果的に実践しよう！

はじめてまなぶ
行動療法

［著］＝三田村仰

●A5判　●並製　●336頁　●本体 3,200円＋税

「パブロフの犬」の実験から
認知行動療法，臨床行動分析，DBT,
ACT，マインドフルネスまで，
行動療法の基礎と最新のムーブメントを解説した
行動療法入門ガイド。

マインドフル・ゲーム
60のゲームで子どもと学ぶマインドフルネス

［著］＝スーザン・カイザー・グリーンランド
［監訳］＝大谷 彰

●A5判　●並製　●248頁　●本体 3,000円＋税

「60のゲーム」で子どもといっしょに学ぶ，
楽しく遊びながらみるみる身につく
画期的なマインドフルネス。